Be만 영어

Be 동사로 만드는 영어

Be만 영어
Be 동사로 만드는 영어

초판 1쇄 발행 2024년 7월 15일

지은이 오영희
펴낸이 장길수
펴낸곳 지식과감성#
출판등록 제2012-000081호

교정 주경민
디자인 이현
편집 서혜인
검수 한장희, 이현
마케팅 김윤길, 정은혜

주소 서울시 금천구 벚꽃로298 대륭포스트타워6차 1212호
전화 070-4651-3730~4
팩스 070-4325-7006
이메일 ksbookup@naver.com
홈페이지 www.knsbookup.com

ISBN 979-11-392-1984-5(03740)
값 15,000원

- 이 책의 판권은 지은이에게 있습니다.
- 이 책 내용의 전부 또는 일부를 재사용하려면 반드시 지은이의 서면 동의를 받아야 합니다.
- 잘못된 책은 구입하신 곳에서 바꾸어 드립니다.

지식과감성#
홈페이지 바로가기

Be만 영어

Be 동사로 만드는 영어

오영희 지음

- 많은 양의 연습 문제 수록
- 일상 대화 문장 쉽게 만들기
- 꼭 필요한 단어 수록

지식과감성#

저자의 말

우리는 어렸을 때부터 수년간 영어를 공부해 왔음에도 불구하고 영어로 말하는 것은 왜 그리 힘든 걸까요? 의사 소통을 위한 영어가 아닌, 시험문제를 풀기 위한 단어와 문법에 영어 교육의 초점이 맞춰져 있기 때문이죠. 또한, 단어를 외우고, 문법을 익히고, 읽고, 쓰는 연습은 혼자서 충분히 할 수 있지만, 말하기는 혼자 연습하는 데 한계가 있습니다.

말이라는 것은 창작입니다. 하고 싶은 말을 실시간으로 만들어 내야 하는, 일종의 '기술'이기에 머릿속에 알고 있는 것을 순발력 있게 바로바로 내뱉을 수 있게 되기까지는 상당한 반복과 연습이 필요합니다. '이 말은 영어로 어떻게 할까?'를 습관적으로 생각해 보는 것도 큰 도움이 됩니다. 또한, 성격이 외향적이고 말하는 걸 좋아하는 사람, '좀 틀리면 어때?' 하면서 일단 내뱉고 보는 그런 성격의 사람들이 말을 빨리 배웁니다.

영어 회화를 배울 때, 초보자가 가장 먼저 해야 할 일은 많이 쓰이는, 꼭 알아야 하는 단어들을 먼저 익히는 것입니다. 새로운 단어를 익힐 때마다 그 단어들이 문장 안에서 어떻게 쓰이는지(품사)를 꼭 확인하시기 바랍니다. 단어를 많이 알수록 표현할 수 있는 영역이 넓어지겠지만, 그 단어들을 어떻게 문장으로 만들어 내는지 모른다면 말을 만들어 낼 수가 없습니다.

이 책은 많이 쓰이는 유용한 단어들을 이용해서 3~4마디로 충분히 완벽한 문장이 되는 Be 동사 문장 만들기에 초점을 맞춰 많은 양의 연습 문제를 넣었습니다. 자꾸 말을 많이 만들다 보면 자신감을 갖게 되고, 흥미를 잃지 않고 계속해서 영어를 배워 갈 수 있는 원동력이 될 것입니다. 언어를 익힌다는 것은 긴 싸움이자 여정입니다. 조바심 내지 않고 꾸준히 연습하고 시간을 투자하는 것만이 유일한 길입니다. 그 길에 이 책이 조금이 아닌, 많은 보탬이 되기를 바랍니다. 한번 시도해 보시죠!

저자 오영희

목차

저자의 말 4

Be 동사 문장 만들기 개요 6

Be 동사 + 형용사 10
- 건강은 중요하다. (현재)
- 방이 지저분했다. (과거)
- 인생은 공평하지 않다. (부정)
- 서울은 안전하니? (의문문)
- 왜 늦었니? (Why와 when을 이용한 의문문)
- 영화는 어땠니? (How로 시작하는 의문문)
- 여기서 얼마나 머니? (How + 형용사 의문문)
- 자신감을 가져. (명령문)

Be 동사 + 명사 53
- 이것은 좋은 기회다.

Be 동사 + 부사/전치사 63
- 모두가 아래층에 있었다. (부사)
- 엄마는 늘 내 편이다. (전치사)

Be 동사 + 형용사 + 전치사 문장 만들기 83
- 한국사람들은 응원을 잘한다.
- 넌 라면이 지겹지 않니?

There 구문 112
- 인생에 정답은 없다.

비교급 129
- 나는 아빠보다 엄마와 더 친하다.

최상급 134
- 당신이 최고로 운 좋은 남자이다.

종합 연습 138

Be 동사 문장 만들기 개요

말을 한다는 건 머릿속에서 문장을 만들어서 입 밖으로 내뱉는 일입니다.
아무리 단어를 많이 알고 문법을 많이 알아도 어떻게 문장을 만드는지 모른다면 당황하며 버벅거리는 사이에 주눅이 들게 되고 아는 말도 더 생각이 안 납니다.
어떤 말을 하고 싶을 때 제일 먼저 할 일은 주어가 무엇인지, 무엇을 주어로 잡을 것인지를 생각해 내는 것입니다.
그다음으로 문장을 만들 때 중요한 것은 동사입니다. 어떤 동사를 쓰느냐에 따라 문장의 형태가 달라지기 때문에 어떤 동사를 쓸 것인지를 빨리 판단해야 합니다.
그럼, 동사의 선택은 어떻게 할까요?

주어가 어떤 **동작**을 할 때는 일반 동사를 쓰고,
주어의 **상태나 상황을 묘사**하는 표현은 **Be 동사**를 써서 문장을 만듭니다.

1. 일반 동사를 사용한 문장: 주어 + 동사 + 목적어
2. Be 동사를 사용한 문장: 주어 + Be 동사 + 형용사/명사/부사/전치사

주어가 하는 것이 동작인지, 상태인지에 따라 문장구조가 달라지기 때문에 빠른 판단이 필요합니다. 바로 이 점이 영어를 배우는 많은 사람들이 겪는 고충입니다.
그리고 어떤 단어가 동사이고 어떤 단어가 형용사인지, 품사를 알아야 합니다.
그동안 품사에 별로 신경을 쓰지 않았다면 그것부터 바로 잡아야 합니다.
왜냐하면, Be 동사는 형용사, 명사, 부사, 전치사 등과 결합하여 문장을 만드는데, 어떤 품사와 결합하느냐에 따라 그 의미가 달라지기 때문에 품사에 대한 확신이 없이는 제대로 된 문장을 만들 자신감도 없습니다.

다음 문장을 가지고 연습을 해 보겠습니다.

나는 가난하지만 행복하다.

'가난한' 것과 '행복한' 것은 둘 다 동작이 아니라 어떤 상황이나 느낌/상태를 나타내는 말입니다. 따라서, 동사가 필요하지 않고, 어떤 상태/상황을 묘사하는 단어인 형용사를 써야 합니다. 그런데, 주어와 형용사만으로는 문장이 완성되지 않기에, 이때 필요한 것이 Be 동사입니다. 의미는 형용사가 전달하지만, 문장에는 동사가 있어야 하기에, 주어와 형용사를 연결하여 문장을 완성시켜 주는 역할을 하는 것이 바로 Be 동사인 것입니다.

즉, 여기서 Be는 뜻이 없고, 문장 안에서 동사 역할(단수/복수와 시제 표현)만 합니다.

→ <u>I am poor but I am happy.</u>

그런데, 여기서 '가난하다'라는 표현을 '돈이 많이 없다'라고 표현할 수도 있습니다.
그러면 '돈을 많이 가지고 있지 않다'는 뜻으로 '가지다'라는 동사 have를 이용하여 문장을 만들 수가 있습니다. 그러면 일반 동사 문장이 되어 '주어 + 동사 + 목적어'의 문장구조를 써야 합니다. 목적어는 동작이 영향을 미치는 대상을 말합니다. '가지다'에서 '무엇'을 가졌느냐가 목적어인 것입니다. 여기서는 '돈'이겠지요. '많은 돈'은 'a lot of money'로 표현합니다.

→ <u>I do not have a lot of money but I am happy.</u>

그렇다면, 반대로 '나는 돈이 많지만 행복하지 않다'도 해 볼까요?

'돈이 많다'를, 위에 표현처럼 '돈을 많이 가지고 있다'로 표현하면,

→ <u>I have a lot of money but I am not happy.</u> 가 될 것이고,

'돈이 많다'를 rich라는 형용사로 표현하고 싶다면,

→ <u>I am rich but I am not happy.</u> 하면 됩니다.

하나 더 해 보겠습니다. 다음 문장을 생각해 보세요.

<u>*아침을 먹었는데도 배가 고프다.*</u>

'먹다'는 동작이므로 동사 'eat'를 써서 일반 동사 문장으로 만드는데,
'먹다'라는 동작이 과거에 일어났으므로 'eat'의 과거형인 'ate'를 씁니다.
'배가 고픈'은 상태 묘사이므로 형용사 'hungry'를 써서 Be 동사 문장으로 만듭니다.

→ *I ate breakfast but I am (still) hungry.*

주어가 하는 동작이 없고, 그저 상태/상황을 표현하는 문장에 쓰이는 것이 Be 동사입니다. 의미 전달은 형용사가 하는데, 주어와 형용사만으로는 문장이 될 수 없기에 Be 동사를 끌어다가 동사 역할을 맡기는 셈입니다. 이렇게 형용사와 결합하는 Be 동사는 뜻이 없고 그저 문장 안에서 동사의 기능만 담당합니다.

Be 동사는 여러가지 면에서 참으로 특별한 동사입니다.

1. Be 동사의 원형은 Be입니다.

일반 동사는 현재시제가 곧 원형인 데 반해, Be동사는 Be가 원형이라서 조동사 다음이나, to 부정사를 쓸 때 동사 원형인 be를 써야 한다는 말입니다.
(이 부분은 좀 더 Be동사의 의미/쓰임새를 이해하고 나서 다루도록 하겠습니다.)

2. Be 동사는 인칭과 수, 그리고 시제에 따라 그 형태가 달라집니다.

	현재	과거	과거분사
1인칭(I)	am	was	been
2인칭(You)	are	were	been
3인칭 단수	is	was	been
3인칭 복수	are	were	been

(I도 아니고 You도 아닌 다른 모든 것은 3인칭입니다.)

3. Be 동사는 자신만의 문장구조를 따로 가지고 있습니다.

우리가 보통 '영어는 주어 + 동사 + 목적어야'라고 하는 것은, 일반 동사일 경우입니다.
(일반 동사는 조동사나 Be 동사가 아닌 다른 모든 동사를 말합니다.)

Be 동사는 형용사, 명사, 그리고 부사/전치사와 결합하여 3가지의 문장 형태를 만듭니다.

1. Be + 형용사: 주어가 어떻다는 표현
2. Be + 명사: 주어와 그 명사의 동격/신분 관계를 표현
3. Be + 부사/전치사: 주어가 어디에 있다는 존재, 위치, 방향 등을 표현

이 세 가지 문장 형태를 이해하고 사용하기 위해서, 문장 내에서 핵심 역할을 하는 명사, 형용사, 부사, 전치사가 무엇인지 간단하게 짚고 넘어가겠습니다.

명사: 사물이나 사람의 이름 - 문장에서 주어, 목적어 역할을 함.
　river, house, dog, winter, chair, water, teacher, life, plan…

형용사: 어떤 상태를 묘사하는 말 - 명사를 수식하고, Be 동사와 함께 문장을 만듦.
　pretty, honest, small, warm, strange, difficult, loud, shy, healthy…

부사: 형용사/동사/부사를 꾸며주는 말 또는, 의미를 추가하는 말
　very, still, too, already, near, almost, absolutely…

전치사: 명사 앞에 위치하여 방향, 장소, 위치, 시간 등을 나타내는 말
　in, on, at, to, about, for, behind, by, around…

그럼, 이제부터 Be 동사로 문장 만들기를 시작해 볼 텐데, 평서문으로 시작해서 부정문, 의문문, 명령문까지 모두 다룹니다. 차근차근 진도를 따라가면서 연습을 하다 보면 책을 마칠 즈음에는 별 어려움 없이 Be 동사 문장을 만들어 내는 자신을 발견하시길 바랍니다.

Be 동사 + 형용사
: 주어가 어떻다. (동작이 없는, 상태나 상황을 묘사)

Be 는 뜻이 없고 문장의 동사로서, 단수/복수, 과거/현재 등의 시제만을 나타냄.

The door is heavy.	이 문은 무겁다.
Tom is tall.	Tom은 키가 크다.
The concert was fun.	콘서트는 재미있었다.
My parents were busy.	우리 부모님은 바쁘셨다.
Their house was clean.	그들의 집은 깨끗했다.
The exam was not easy.	시험은 쉽지 않았다.
The internet was slow.	인터넷이 느렸다.
These shoes are not comfortable.	이 신발은 편하지 않다.

이런 영어 문장을 한국말로 이해하고 해석하는 것은 어렵지 않을 수 있습니다.
그러나, 저런 한국말 문장들을 영어로 내 머릿속에서 생각해 내는 일은
Be 동사에 대한 이해와 연습이 필요합니다.

다음 형용사들은, 영어 회화에서 많이 쓰이는 기본적이고도 유용한 형용사들입니다. 머릿속에 단어가 있어야, 필요할 때 끄집어 내 쓸 수가 있겠지요? 여기에 있는 모든 단어들은 꼭 찾아보고 뜻을 확인하시길 바랍니다. 그리고, 연습 문제를 풀어 가면서 자연스럽게 익히시기 바랍니다.

🖉 꼭 알아야 할 형용사 list

(비슷하거나 연관 있는 단어들을 가까이 배치하였고, 이탤릭체로 된 단어들은 중급 수준입니다.)

good   nice   great   excellent   fantastic   wonderful   amazing
super   terrific   beautiful   *gorgeous*   perfect   awesome

bad   awful   terrible   horrible

happy   glad   *pleasant*   sorry

sad   angry   mad   upset   crazy   insane

smart   intelligent   clever   wise   bright

foolish   silly   stupid   ridiculous   *absurd*

quiet   loud   noisy   silent   alone   lonely

old   young   new   tired   exhausted   sleepy

often   frequent   available   busy   free   absent

warm   hot   humid   sticky   sunny   rainy   foggy   cloudy

cool   cold   chilly   freezing   dry   wet   windy

fast   quick   *rapid*   slow   soft   smooth   rough   tough

kind   nice   patient   polite   rude   mean   friendly

ordinary   extraordinary   routine   normal   common

empty   full   vacant   hungry   thirsty

true   false   right   wrong   left   fair   unfair

real   fake   straight   *crooked*/curly

hard   firm   difficult   easy   simple   *complicated*

rich   poor   wealthy   *affluent*   brave

pretty   cute   beautiful   handsome   good-looking   ugly

proud   arrogant   ashamed   shy   selfish   childish

expensive   cheap   free   enough

fat   thin   thick   skinny   slim   chubby   overweight

sick   ill   sore   stiff   weak   strong   healthy

pale   dizzy   *nauseous*

important   *crucial*   possible   impossible

convenient   comfortable   cozy

close   far   deep   shallow   high   low

wide   narrow   light   heavy   dark

short   long   tall   sharp   dull   shiny

similar   different   safe   dangerous

secure   insecure   tight   loose   *flexible*

serious   certain   sure   confident

clear   *vague*   obvious   appropriate   proper

regular   legal   responsible

emotional   mental   physical

personal   individual   private   public

honest   innocent   guilty   pure

cruel   brutal   criminal   natural   awkward   nervous

active   passive   curious   ambitious

athletic   energetic   *passionate*   enthusiastic

positive   negative   *sarcastic*   urgent

dirty   clean   neat   messy   *filthy*   nasty   disgusting   *gross*

greedy   generous   selfish   *mutual*

strange   weird   *bizarre*   odd   *punctual*

thoughtful   *considerate*   aggressive

strict *lenient* stubborn jealous inferior superior

slippery tricky sneaky rural urban loyal *potential*

visible *invisible* *edible* visual horrible terrible spooky

dependent lucky careful *cautious*

fortunate famous popular

blind deaf dumb *sober* drunk calm

even equal extreme extra funny boring *hilarious*

foreign domestic local international *superstitious*

lazy diligent *obedient* same opposite previous

pregnant accurate direct *contagious*

delicious yummy tasty spicy mild

essential necessary *mandatory* evident ripe rotten

small little medium big large huge

tremendous gigantic *enormous*

specific unique *particular* special practical problematic

peaceful painful useful helpful meaningful

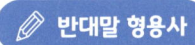 반대말 형용사

good	bad	nice	mean
great	terrible/awful	happy	sad
smart	silly/foolish/stupid	quiet	loud/noisy
old	young/new	warm	cool
hot	cold	slow	fast
soft	hard	kind	rude
big	small	real	fake
full	empty	full	hungry
true	false	weak	strong
right	left	right	wrong
rich	poor	pretty	ugly
easy	difficult/hard	cheap	expensive
thin	thick	sick	healthy
long	short	close	far
different	similar	high	low
light	heavy	dirty	clean
tight	loose	private	public
rural	urban	late	early
neat	messy	wide	narrow
deep	shallow	smooth	rough
lazy	diligent	straight	crooked/curly
certain	uncertain	common	uncommon
clear	unclear	pleasant	unpleasant
lucky	unlucky	fair	unfair
fortunate	unfortunate	comfortable	uncomfortable
happy	unhappy	real	unreal
healthy	unhealthy	able	unable
polite	impolite	patient	impatient
possible	impossible	accurate	inaccurate
convenient	inconvenient	direct	indirect
dependent	independent	expensive	inexpensive
responsible	irresponsible	regular	irregular
secure	insecure	legal	illegal
normal	abnormal	visible	invisible

❶ 현재형 문장

먼저 **현재형 문장** 만드는 연습부터 시작해 볼 텐데, 머릿속에서 다음 3가지를 생각하여 말을 만들어 보겠습니다.

1. 주어가 무엇인가?
2. 주어가 단수인가 복수인가?
3. am, are, is 중에 하나를 선택하여 주어와 형용사 사이에 씁니다.

<u>시간이나 날씨는 it를 주어로 잡습니다.</u>

7시다. It's 7 o'clock.　　　　　　　　자정이다. It is midnight.
2시 15분이다. It's two fifteen. (또는, It's quarter after two.)
6시 45분이다. It's six forty-five. (또는, It's quarter to seven.)
5시 50분이다. It's five fifty. (또는, It's ten to six.)

날씨가 맑다. (햇빛이 난다.) It's sunny.　　　비가 온다. It's rainy.
눈이 온다. It's snowy.　　　　　　　　　　구름이 끼었다. It's cloudy.
안개가 끼었다. It's foggy.　　　　　　　　바람이 분다. It's windy.
날씨가 따뜻하다. It is warm.　　　　　　　날씨가 아주 춥다. It is chilly.

필요한 형용사는 옆에 적어 놓았으니 주어와 Be 동사를 빨리 생각해 내어 문장을 만드는 데 집중하시고, 여기서 다뤄지는 단어들은 모두 꼭 익히시길 바랍니다.

> **Practice**

1. 그 문은 열려 있다. (open)

2. 그는 똑똑하다. (smart)

3. 우리 딸은 예쁘다. (pretty)

4. 이 안경은 싸다. (cheap)

5. 그 방은 지저분하다. (messy)

6. 건강(health)은 중요하다. (important)

7. 커피가 뜨겁다. (hot)

8. 물이 더럽다. (dirty)

9. 불고기는 맛있다. (delicious/yummy)

10. 예술가들은 가난하다. (poor)

11. 그 책은 비싸다. (expensive)

12. 이 신발은 편하다. (comfortable)

13. 나는 준비되어 있다. (ready)

14. 그는 떨린다. (긴장된다.) (nervous)

15. 그 영화는 형편없다. (awful)

16. 서울은 깨끗하다. (clean)

17. 그 모자는 작다. (small)

18. 길이 미끄럽다. (slippery)

19. 그 숙제는 어렵다. (difficult/hard)

20. 너의 친구는 이상하다. (strange/weird)

21. 내 발이 차갑다. (발이 시리다.) (cold)

22. 음악소리가 크다. (loud)

23. 그의 딸은 몸이 약하다. (weak)

24. 그는 심각/진지하다. (serious)

25. 엄마는 강하다. (strong)

26. 나의 가방은 무겁다. (heavy)

27. 모든 것이 가능하다. (possible)

28. 온몸이 쑤신다. (sore)

29. 이 꽃은 가짜다. (조화이다.) (fake)

30. 너의 말이 맞다. (right)

31. 내 남편은 게으르다. (lazy)

32. 내 바지는 꽉 낀다. (tight)

33. 그녀의 머리는 짧다. (short)

34. 우리 아빠는 참을성이 있다. (patient)

35. 오늘 날씨가 좋다. (good)

36. 그들은 자신이 있다. (confident)

37. 그들에게 책임이 있다. (responsible)

38. 너는 운이 좋다. (lucky)

39. 내 남자친구는 고집이 세다. (stubborn)

40. 한국 사람들은 친절하다. (kind)

41. 그 케익은 부드럽고 달다. (soft, sweet)

42. 이 빵은 딱딱하다. (hard)

43. 인생은 짧고 예술은 길다. (short, long)

44. 우리 언니는 이기적이다. (selfish)

45. 인생은 불공평하다. (unfair)

46. 모두가 긍정적이다. (positive)

47. 그 노래는 지루하다. (boring)

48. 너와 나는 다르다. (different)

49. 개들은 충직하다. (loyal)

50. 답은 간단하다. (simple)

위의 모든 문장들을 Be + 형용사로 다 표현할 수 있다는 게 너무 좋지 않습니까?

위의 모든 문장들은 주어가 어떤 '동작'을 했다는 게 아니라, 주어의 어떠한 '상태'를 묘사하고 있기에 그에 해당하는 형용사만 Be 동사와 연결해 주면 문장이 완벽하게 완성됩니다. 이런 문장들이 앞으로 다른 의미를 추가하여 문장을 더 길게 만들 수 있는 기본 뼈대가 됩니다.

Answers

1. The door is open.
2. He is smart.
3. My daughter is pretty.
4. These glasses are cheap. (단수 glass는 물컵, 복수 glasses는 안경)
5. His room is messy.
6. Health is important.
7. The coffee is hot.
8. The water is dirty.
9. Bulgogi is delicious/yummy.
10. Artists are poor.
11. That book is expensive.
12. These shoes are comfortable.
13. I am ready.
14. He is nervous.
15. The movie is awful.
16. Seoul is clean.
17. That hat is small.
18. Streets are slippery.
19. The homework is difficult/hard.
20. Your friend is strange/weird.
21. My feet are cold.
22. The music is loud.
23. His daughter is weak.
24. He is serious.

25. Moms are strong.
26. My bag is heavy.
27. Everything is possible.
28. My whole body is sore. (whole: 전부의, 전체의)
29. This flower is fake.
30. You are right.
31. My husband is lazy.
32. My pants are tight.
33. Her hair is short.
34. My dad is patient.
35. The weather is good today.
36. They are confident.
37. They are responsible.
38. You are lucky.
39. My boyfriend is stubborn.
40. Korean people are kind.
41. The cake is soft and sweet.
42. This bread is hard.
43. Life is short and art is long.
44. My sister is selfish.
45. Life is unfair.
46. Everyone is positive.
47. The song is boring.
48. You and I are different.
49. Dogs are loyal.
50. The answer is simple.

❷ 과거형 문장

이제 **과거형 문장**을 만드는 연습을 하겠습니다.
사실 우리가 생활 속에서 하는 많은 말들은 과거형 문장입니다.
현재형 문장 만들기에서 연습한 것처럼, 주어가 무엇인지 판단한 후에 주어의 수에 따라 Be 동사의 과거형인 was나 were를 쓰면 됩니다.

Practice

1. 내 지갑(wallet)은 비어 있었다. (empty)

2. 그 파티는 재미있었다. (fun)

3. 모두가 피곤했다. (tired)

4. 어제는 더웠다. (hot)

5. 지하철이 느렸다. (slow)

6. 그는 혼자였다. (alone)

7. 우리 부모님은 엄격하셨다. (strict)

8. 상황이 위험했다. (dangerous)

9. 그 여행(trip)은 짧았지만 참 좋았다. (short, awesome)

10. 어두웠다. (dark)

11. 고양이들은 목말랐다. (thirsty)

12. 김연아의 연기(performance)는 완벽했다. (perfect)

13. 그 음식은 형편없었다. (awful, terrible)

14. 어떤 사람들은 부정적이었다. (negative)

15. 우리는 어렸다. (young)

16. 나는 고등학교 때 인기 있었다. (popular)

17. 아이들은 용감했다. (brave)

18. 날씨는 습기 차고 끈적했다. (humid, sticky)

19. 그녀는 궁금했다. (curious)

20. 네 말이 맞았다. 내가 틀렸다. (right, wrong)

21. 모두가 말없이 조용했다. (silent)

22. 그들은 심각했다. (serious)

23. 그 관중들(crowd)은 미쳤었다. (crazy)

24. 우리 엄마는 유명했었다. (famous)

25. 그 학생들은 무례했다. (rude)

26. 모든 것이 새로웠다. (new)

27. 선택(choice)은 분명했다. (clear)

28. 그 시험은 중요했다. (important)

29. 냄새가 이상했다. (strange/weird)

30. 그의 삶은 힘들었다. (tough)

Answers

1. My wallet was empty. (지갑은 wallet, 작은 손가방은 purse.)
2. The party was fun.
3. Everyone was tired.
4. It was hot yesterday. (Yesterday was hot.)
5. The subway (train) was slow.
6. He was alone.
7. My parents were strict.
8. The situation was dangerous.
9. The trip was short but (it was) awesome.
10. It was dark.
11. The cats were thirsty.
12. Yuna Kim's performance was perfect.
13. The food was awful (terrible).
14. Some people were negative.
15. We were young.
16. I was popular in high school.
17. The children (kids) were brave.
18. The weather was humid and sticky.
19. She was curious.
20. You were right. I was wrong.
21. Everyone was silent.

22. They were serious.
23. The crowd was crazy (insane).
24. My mom was famous.
25. The students were rude.
26. Everything was new.
27. The choice was clear.
28. The exam was important.
29. The smell was strange (weird).
30. His life was tough.

❸ 부정문/의문문/명령문 문장

지금까지 평서문의 현재와 과거 시제 문장을 만들어 보았습니다.
부정문과 의문문, 명령문도 만들어 보겠습니다.
(이제부터는 현재형, 과거형이 모두 섞여 있습니다.)

(1) 부정문: 주어 + Be 동사 + not + 형용사

나는 외롭지 않다.	I am not lonely.
우리 집은 크지 않다.	Our house is not big.
성적은 중요하지 않다.	Grades are not important.
저녁은 준비되어 있지 않았다.	Dinner was not ready.
아이들은 참을성이 없었다.	The kids were not patient.

Practice

1. 그 초밥(sushi)은 신선하지 않았다. (fresh)

2. 인생은 공평하지 않다. (fair)

3. 영어는 쉽지 않다. (easy)

4. 나는 책임이 없었다. (responsible)

5. 그들은 조심하지 않았다. (careful)

6. 그것은 사실/진실이 아니다. (true)

7. 그 부엌은 깨끗하지 않았다. (clean)

8. 그녀는 확실하지 않았다. (sure)

9. 이 상자는 무겁지 않다. (heavy)

10. 우리는 부자가 아니었다. (rich)

11. 이 집은 싸지 않다. (cheap)

12. 나는 화나지 않았다. (angry, mad)

13. 돈은 중요하지 않다. (important)

14. 그들은 늦지 않았다. (late)

15. 뉴욕은 안전하지 않다. (safe)

16. 그 가수는 유명하지 않다. (famous)

17. 그의 아내는 키가 크지 않다. (tall)

18. 그녀의 머리는 길지 않았다. (long)

19. 우리 아들은 건강하지 않았다. (healthy)

20. *아무도 완벽하지 않다. (perfect)

21. 그들은 참을성이 없었다. (patient)

22. 서울은 위험하지 않다. (dangerous)

23. 음식이 충분하지 않았다. (enough)

24. 이 침대는 편안하지 않다. (comfortable)

25. 넌 혼자가 아니다. (alone)

26. 그의 부모님은 엄격하지 않았다. (strict)

27. 이 선(line)은 똑바르지 않다. (straight)

28. 그 직원(worker/staff)은 상냥하지 않았다. (friendly)

29. *아무것도 공짜가 아니다. (free)

30. 이 상황은 실제가 아니다. (real)

Answers

1. The sushi was not fresh.
2. Life is not fair.
3. English is not easy.
4. I was not responsible.
5. They were not careful.
6. That is not true.
7. The kitchen was not clean.
8. She was not sure.
9. This box is not heavy.
10. We were not rich.
11. This house is not cheap.
12. I am not angry/mad.
13. Money is not important.

14. They were not late.

15. New York is not safe.

16. The singer is not famous.

17. His wife is not tall.

18. Her hair was not long.

19. My son was not healthy.

20. Nobody is perfect. ('아무도 ~않다'는 부정주어로 표현)

21. They were not patient.

22. Seoul is not dangerous.

23. The food was not enough.

24. This bed is not comfortable.

25. You are not alone.

26. His parents were not strict.

27. This line is not straight.

28. The worker (staff or server) was not friendly.

29. Nothing is free. ('아무것 ~아니다'는 부정주어로 표현)

30. This situation is not real.

(2) 의문문: Be 동사 + 주어 + 형용사?

Be 동사로 만드는 의문문은 동사로 시작하기 때문에 조금 더 어려울 수 있습니다. 현재냐 과거냐, 그리고 단수냐 복수냐에 따라, 첫마디인 동사를 내뱉어야 하니까요.

너 슬프니?	Are you sad?
그들은 부자였니?	Were they rich?
너 배고프니?	Are you hungry?
그들은 질투했니?	Were they jealous?
내 말이 맞니?	Am I right?
친구는 중요하니?	Are friends important?
너희 부모님은 건강하시니?	Are your parents healthy?
그들의 집은 깨끗했니?	Was their house clean?

마지막 문장에서 '그들의 집'은 단수입니다. '그들'은 복수이지만 그것은 집을 꾸며 주는 말이고, 실제 주어는 '집(house)'이기때문에 단수 과거형인 'was'를 씁니다. 만약 그들의 집이 한 개 이상이라서 'Their houses'라고 했다면 복수로 'Were their houses clean?'이라고 할 수 있습니다.

> ✏️ **부정 의문문: Be 동사 + not + 주어 + 형용사?**

너 배고프지 않니?	Aren't you hungry?
이거 차갑지 않니?	Isn't it cold?
저 호텔 비싸지 않니?	Isn't that hotel expensive?

다음 의문문을 만들어 보세요. (현재/과거, 단수/복수 신경 써서 하세요.)

Practice

1. Sally는 예쁘니? (pretty)

2. 그것은 충분했니? (enough)

3. 너는 아팠니? (sick)

4. 그들은 똑똑하니? (smart)

5. 너의 엄마는 건강하시니? (healthy)

6. 파티는 재미있었니? (fun)

7. 그녀는 괜찮니? (okay)

8. 그들의 집은 크니? (big)

9. 너는 추웠니? (cold)

10. 날씨는 좋았니? (good)

11. 이 신발은 편하니? (comfortable)

12. 너는 떨렸니? (nervous)

13. 그녀의 차는 비싸니? (expensive)

14. 그의 부모님은 부자니? (rich)

15. 그 경기는 공정했니? (fair)

16. 그들은 시끄러웠니? (noisy)

17. 물이 뜨겁니? (hot)

18. Tom은 무례했니? (rude)

19. 너 화났니? (mad)

20. 이 시계는 느리니? (slow)

21. 그는 친절했니? (kind)

22. 그들은 심각하니/진지하니? (serious)

23. 너의 방은 지저분했니? (messy)

24. 서울은 깨끗하니? (clean)

25. 너의 아빠는 힘이 세니? (strong)

26. 그게 사실이니? (true)

27. 너 미쳤니? (crazy)

28. John은 유명하니? (famous)

29. 그는 자신감이 있었니? (confident)

30. 이것은 새 거니? (new)

31. 너는 목말랐니? (thirsty)

32. 너의 아들은 예의 바르니? (polite)

33. 이게 가능하니? (possible)

34. 이 바지는 꽉 끼니? (tight)

35. 그녀는 이상했니? (strange)

36. 그들은 운이 좋았니? (lucky)

37. 너의 부모님은 엄격했니? (strict)

38. 너의 아들은 게으르니? (lazy)

39. 네가 책임이 있니? (responsible)

40. 불고기는 인기가 많니? (popular)

41. 지하철은 편리하니? (convenient)

42. 음식이 매웠니? (spicy)

43. 그의 아내는 임신했니? (pregnant)

44. 이 목걸이 가짜니? (fake)

45. 그들은 졸렸니? (sleepy)

46. 밖에 비 오니? (rainy)

47. 어제 바람이 많이 불었니? (windy)

48. 너의 결혼식은 완벽했니? (perfect)

49. 너 확실해? (sure)

50. 그는 자만했니? (arrogant)

51. 시험이 쉬웠니? (easy)

52. 이것은 불법이니? (illegal)

53. 교통(traffic)이 나빴니? (bad)

54. Ben은 늦었니? (late)

55. 너 떨리지 않았니? (nervous)

56. 너 춥지 않았니? (cold)

57. 이거 이상하지 않니? (strange)

58. 너 졸리지 않니? (sleepy)

59. 그들은 부자였지 않니? (rich)

60. 너 목마르지 않니? (thirsty)

Answers

1. Is Sally pretty?
2. Was it enough?
3. Were you sick?
4. Are they smart?
5. Is your mom healthy?
6. Was the party fun?
7. Is she okay?
8. Is their house big?
9. Were you cold?
10. Was the weather good?
11. Are these shoes comfortable?
12. Were you nervous?
13. Is her car expensive?
14. Are his parents rich?
15. Was the game fair?
16. Were they noisy?
17. Is the water hot?
18. Was Tom rude?
19. Are you mad?
20. Is this clock/watch slow?
21. Was he kind?
22. Are they serious?
23. Was your room messy?
24. Is Seoul clean?
25. Is your dad strong?
26. Is that true?
27. Are you crazy?
28. Is John famous?
29. Was he confident?
30. Is this new?

31. Were you thirsty?

32. Is your son polite?

33. Is this possible?

34. Are these pants tight?

35. Was she strange/weird?

36. Were they lucky?

37. Were your parents strict?

38. Is your son lazy?

39. Are you responsible?

40. Is Bulgogi popular?

41. Is the subway convenient?

42. Was the food spicy?

43. Is his wife pregnant?

44. Is this necklace fake?

45. Were they sleepy?

46. Is it rainy outside?

47. Was it windy yesterday?

48. Was your wedding perfect?

49. Are you sure?

50. Was he arrogant?

51. Was the exam easy?

52. Is this illegal?

53. Was the traffic bad?

54. Was Ben late?

55. Weren't you nervous?

56. Weren't you cold?

57. Isn't it strange?

58. Aren't you sleepy?

59. Weren't they rich?

60. Aren't you thirsty?

🖉 의문사 Why와 When을 이용한 의문문

의문사는 문장의 제일 앞에 옵니다.

너는 왜 피곤하니? Why are you tired?
그는 언제 결석했니? When was he absent?

Practice

1. 그는 왜 슬프니? (sad)

2. 이것들은 왜 비싸니? (expensive)

3. 내가 언제 무례했니? (rude)

4. 그들은 언제 유명했니? (famous)

5. 그녀는 왜 질투하니? (jealous)

6. 네 손이 왜 차갑니? (cold)

7. 그녀는 왜 특별하니? (special)

8. 집이 왜 어둡니? (dark)

9. 이게 왜 공짜니? (free)

10. 너는 왜 미안했니? (sorry)

11. 왜 그들이 책임이 있니? (responsible)

12. 이게 왜 불가능하니? (impossible)

13. 그의 아기는 언제 아팠니? (sick)

14. 네 방이 왜 더럽니? (dirty)

15. 도박(gambling)은 왜 위험하니? (dangerous)

16. 너는 왜 떨렸니? (nervous)

17. 네 머리는 왜 젖었니? (wet)

18. 라면이 왜 나쁘니? (bad)

19. 네 딸은 왜 화가 났니? (mad)

20. 이게 왜 불공평하니? (unfair)

21. BTS는 왜 인기가 많니? (popular)

22. 언제 사용 가능하니? (available)

23. 이게 왜 필요하니? (necessary)

24. 이게 왜 불법이니? (illegal)

25. 넌 언제 시간 되니? (available, free)

26. 이 박스가 왜 무겁니? (heavy)

27. 영어가 왜 중요하니? (important)

28. 언제 내가 틀렸니? (wrong)

29. 왜 인터넷이 느리니? (slow)

30. 넌 언제 행복하니? (happy)

Answers

1. Why is he sad?
2. Why are these expensive?
3. When was I rude?
4. When were they famous?
5. Why is she jealous?
6. Why are your hands cold?
7. Why is she special?
8. Why is the house dark?
9. Why is this free?
10. Why were you sorry?
11. Why are they responsible?
12. Why is this impossible?
13. When was his baby sick?
14. Why is your room dirty?
15. Why is gambling dangerous?
16. Why were you nervous?
17. Why is your hair wet?
18. Why is ramen bad?
19. Why is your daughter mad?
20. Why is it unfair?
21. Why is BTS popular?

22. When is it available?

23. Why is it necessary?

24. Why is it illegal?

25. When are you available? (또는, When are you free?)

26. Why is this box heavy?

27. Why is English important?

28. When was I wrong?

29. Why is the internet slow?

30. When are you happy?

✏️ How로 시작하는 의문문

How를 써서 **'~는 어떠니?'** 라는 의문문을 만듭니다.

넌 어떠니? (안부인사)	How are you?
너의 아빠는 어떠시니?	How is your dad?
날씨가 어땠니?	How was the weather?
영화는 어땠니?	How was the movie?

※ 참고 대화 중에 서로가 무엇에 대해 얘기하는지 잘 알고 있는 상황에서, 주어를 'it'으로 하여 'How is it?'이나 'How was it?', 'Is it good?', 'Was it good?' 등의 표현은 정말 많이 씁니다.

이 불고기 맛 좀 봐 줄래?	어때?	맛있어?
Can you taste this bulgogi?	How is it?	Is it good?
어제 콘서트 갔다 왔어.	어땠어?	좋았어?
I went to a concert last night.	How was it?	Was it good?

Practice

1. 데이트 어땠니?

2. 너의 엄마 어떠시니?

3. 여행(trip) 어땠니?

4. 오늘 하루 어땠니?

5. 교통(traffic)이 어땠니?

6. 너의 팔은 어떠니?

7. 너의 새 컴퓨터는 어떠니?

8. 그의 부모님은 어떠시니?

9. 면접(interview)은 어땠니?

10. 내 영어는 어떠니?

11. 새 영어 선생님은 어떠니?

12. 저녁 식사는 어땠니?

13. 시험(exam)은 어땠니?

14. 수업은 어땠니?

15. 커피가 어떠니?

16. 상황(situation)이 어떠니?

Answers

1. How was the date?
2. How is your mom?
3. How was the trip?
4. How was your day?
5. How was the traffic?
6. How are your arms?
7. How is your new computer?

8. How are his parents?

9. How was the interview?

10. How is my English?

11. How is your new English teacher?

12. How was the dinner?

13. How was the exam?

14. How was the class?

15. How is the coffee?

16. How is the situation? (또는, How are things?)

How + 형용사를 이용하여 **'얼마나 ~이니?'**라는 의문문을 만들어 보겠습니다.

얼마나 자주 ~?	How often ~?
얼마나 오래 ~?(시간, 길이)	How long ~?
이 청바지 얼마예요?	How much are these jeans?
학교가 얼마나 머니?	How far is your school?

> ※ **참고** 'How + 형용사 ~?'는 일반 동사 문장에서도 유용하게 쓰입니다.
>
> 어젯밤에 얼마나 늦게까지 깨어 있었니?
> *How late* did you stay up last night? (= How late were you up last night?)
>
> 얼마 줬니? (= 얼마였니?)
> *How much* did you pay? (= *How much* was it?)
>
> 얼마나 오래 숨을 참을 수 있니?
> *How long* can you hold your breath?

Practice

1. 물이 얼마나 깊니?

2. 너의 여동생은 몇 살이니?

3. 얼마나 머니?

4. 너의 부모님은 얼마나 기쁘니?

5. 그들은 얼마나 부자니?

6. 기차가 얼마나 기니?

7. 너는 얼마나 피곤했니?

8. 너의 엄마는 얼마나 예쁘셨니?

9. 차가 얼마나 비싸니?

10. 그는 얼마나 친절했니?

11. 너는 얼마나 졸렸니?

12. 그들은 얼마나 바빴니?

13. 그들은 얼마나 심각했니?

14. 천정이 얼마나 높니?

15. 그는 얼마나 떨렸니?

16. 가방이 얼마나 무겁니?

17. 그의 머리는 얼마나 짧니?

18. 이거 얼마예요?

19. 그는 얼마나 자주 늦니?

20. 서비스가 얼마나 빨랐니?

21. 영화가 얼마나 기니?

22. 너의 아들은 키가 얼마나 크니?

23. 이 나무는 얼마나 오래됐니?

24. 창문이 얼마나 넓니?

25. 비행 시간(flight)이 얼마나 되니?

26. 시험이 얼마나 어려웠니?

27. 밖이 얼마나 춥니?

28. 비가 얼마나 세게 왔니? (heavy)

29. 네 옛날 TV는 얼마나 컸니?

30. 시험이 얼마나 쉬웠니?

31. 거리가 얼마나 더러웠니?

32. 교통이 얼마나 나빴니?

Answers

1. How deep is the water?
2. How old is your younger sister?
3. How far is it?
4. How happy are your parents?
5. How rich are they?
6. How long is the train?
7. How tired were you?

8. How pretty was your mom?

9. How expensive is the car?

10. How kind was he?

11. How sleepy were you?

12. How busy were they?

13. How serious were they?

14. How high is the ceiling?

15. How nervous was he?

16. How heavy is the bag?

17. How short is his hair?

18. How much is it?

19. How often is he late?

20. How fast was the service?

21. How long is the movie?

22. How tall is your son?

23. How old is this tree?

24. How wide is the window?

25. How long is the flight?

26. How hard/difficult was the exam?

27. How cold is it outside?

28. How heavy was the rain?

29. How big was your old TV?

30. How easy was the exam?

31. How dirty were the streets?

32. How bad was the traffic?

(3) 명령문 & 부정 명령문

명령문은 '**~ 해라**' 하고 동작의 주체인 상대방에게 뭘 하라고 시키는 말로, 주어 없이 동사로 시작되는 문장입니다. 다시 말해, 동사가 가장 앞에 나오는 문장은 상대방이 나에게 뭘 하라고 시키는 명령문입니다.

'뛰어(Run!)', '전화해(Call me.)'처럼 동작이 있을 때는 그 동사를 바로 쓰는데, 예를 들어 '행복해라' 하면 '행복한'은 동작이 아닌 상태를 나타내는 형용사라서 문장 앞에 그냥 쓸 수가 없습니다. 이 때 쓸 수 있는 동사가 Be입니다. Be 동사는 형용사가 있는 곳에 나타나 문장을 만들어 주는 조력자라고 생각하면 좋습니다. 그럼, 'Be happy.'로 완벽한 문장이 완성됩니다. (그냥 'Happy.' 하면 알아듣기는 하겠지만, 완성된 문장이 아닙니다.)

'웃지 마'를 영작하면, '웃다'라는 동작이 있으므로 'Don't laugh.' 합니다. 그런데, '슬퍼하지 마'를 영작하면, '슬픈, 슬퍼하는'이라는 상태를 표현하는 형용사를 써야 합니다. 그러면, 문장에 필요한 Be 동사를 끌어오고, 부정 명령문을 나타내는 don't를 써서, 'Don't be sad.' 합니다.

하나 더 예를 들어, '자신감을 가져라'를 동작으로 표현하면 '가지다'라는 동사 have를 써서, 'Have confidence.' 할 수 있습니다. 그런데 '자신감이 있는'이라는 뜻의 형용사 confident를 써서, 'Be confident.'라고 할 수도 있습니다.

여기서는, 한국말로는 동작처럼 들리지만 영어로는 형용사로 표현되는 이러한 Be 동사 + 형용사 문장을 연습합니다.

✎ 명령문: Be 동사 + 형용사

조용히 해.	Be quiet.
조심해.	Be careful.
잘해 줘라.	Be nice.

✏️ 부정 명령문: Don't be + 형용사

부정 명령문은 '~하지 마'란 표현입니다.

두려워 마.　　　　　　　　Don't be afraid.
수줍어하지 마.　　　　　　Don't be shy.

※ **참고** 명령문에 please를 붙이면 조금 부드러운 뉘앙스가 됩니다.

조용히 해 주시기 바랍니다.
Please be quiet.

다음 문장들이 '동작'처럼 느껴지지만, 영어로는 형용사로 표현된다는 점을 기억하여 문장을 만드시기 바랍니다.

Practice

1. 조용히 해라.

2. 친절해라.

3. 참을성 있어라.

4. 자신감을 가져라.

5. 예의 바르게 해라.

6. 안전해라.

7. 공평해라.

8. 건강해라.

9. 강해라.

10. 정직해라.

11. 긍정적이어라.

12. 자연스럽게 해라.

13. 두려워 마라.

14. 화내지 마라.

15. 떨지 마라.

16. 부끄러워 마라.

17. 아프지 마라.

18. 게으르지 마라.

19. 이기적이지 마라.

20. 심각하지 마라.

21. 자만하지 마라.

22. 수동적이지 마라

23. 질투하지 마라.

24. 멍청하게 굴지 마라.

25. 무례하게 굴지 마라.

26. 욕심부리지 마라.

27. 부정적이지 마라.

28. 오래 걸리지 마라.

29. 늦지 마라.

30. 못되게 굴지 마라.

Answers

1. Be quiet.
2. Be kind.
3. Be patient.
4. Be confident.
5. Be polite.
6. Be safe.
7. Be fair.
8. Be healthy.
9. Be strong.
10. Be honest.
11. Be positive.
12. Be natural.
13. Don't be afraid.
14. Don't be mad.
15. Don't be nervous.

16. Don't be shy.
17. Don't be sick.
18. Don't be lazy.
19. Don't be selfish.
20. Don't be serious.
21. Don't be arrogant.
22. Don't be passive
23. Don't be jealous.
24. Don't be silly/stupid.
25. Don't be rude.
26. Don't be greedy.
27. Don't be negative.
28. Don't be long.
29. Don't be late.
30. Don't be mean.

Be 동사 + 명사

: 주어가 ~이다. (신분, 자격, 동격을 표현)

명사는 기본적으로 사물이나 사람의 이름을 말하는데, Be 동사와 함께 쓰여 주어의 신분, 자격, 동격 등을 나타냅니다.

내 이름은 John Smith입니다. (신분)
My name is John Smith.

Ryan은 내 친구이고 선생님이다. (신분/자격)
Ryan is my friend and a teacher.

그의 전공은 생물학이다. (동격)
His major is biology.

명사로 취급받는 명사형에는 명사, 대명사, 동명사, to 부정사(to + 동사 원형)가 있습니다. 이것들은 모두 문장 안에서 주어나 목적어, Be 동사의 보어 역할을 할 수 있습니다.

❶ Be 동사 + 명사

명사

사물이나 사람 또는 어떤 것을 지칭하는 말입니다.
    desk, street, milk, Tom, parents, mind, health, honesty…

대명사

한번 나온 명사를 대신 받는 말로, 인칭, 소유, 지시 대명사가 있습니다.
    인칭 대명사: I, you, he, she, we, it, they…
    소유 대명사: mine, yours, hers, his, ours, theirs…
    지시 대명사: this, that, these, those…

동명사

동사에 ~ing를 붙여 명사로 만든 단어입니다.
문법적으로 명사가 와야 하는 자리에 동사를 써야 할 경우에 씁니다.
예를 들어, 전치사 다음에는 명사를 써야 하는데, 의미가 동작인 경우, 그 동사에 ~ing를 붙여 동명사로 만들어 줍니다. 동작이 주어로 쓰여야 하는 경우에도, 그 동사에 ~ing를 붙여 동명사로 만들어 줍니다. be 동사는 being으로 만들어 줍니다.

    영어를 배우는 것은 재미있다.
    Learning English is fun.
    (learn이 동사라서 주어 자리에 놓기 위해 '~ing'를 붙여 learning 명사형으로 만들어 줍니다.)

    나는 새 전화를 사는 데 관심이 있다.
    I am interested in *buying* a new phone.
    (동사 buy가 in이라는 전치사 뒤에 오는데, 전치사 뒤에는 명사를 써야 하므로, ~ing를 붙여 buying이라는 명사꼴로 만들어 줍니다.)

자신감 있는 것은 중요하다.
Being confident is important.
('자신감 있는'은 be confident로 표현되는데, be는 동사라서 주어 자리에 올 수 없으므로, ing를 붙여 being이라는 명사로 만들어 줍니다.)

🖉 To 부정사

to + 동사 원형을 to 부정사라고 합니다. 주어로, 동사의 목적어로, 또는 be 동사의 보어로 쓰입니다.

영어를 가르치는 것이 그녀의 직업이다.
To teach English is her job.
('가르치다'가 주어로 와야 하는데, teach는 동사이므로 to를 붙여 명사형으로 만들어 줍니다.)

※ 참고 to 부정사보다는 동명사를 주어로 많이 쓰는 경향이 있어서 보통은,
'*Teaching* English is her job.' 식으로 말합니다.

그는 좋은 아빠가 되고 싶다.
He wants *to be* a good father.
('~이고/하고 싶다'는 want to 동사 로 표현합니다. '좋은 아빠이다'는 He is a good father. 인데, want 다음의 to 부정사로 연결하기 위해서 is가 아닌 동사 원형 be를 씁니다.)

내 목표는 다음 달까지 5kg를 빼는 것이다.
My goal is *to lose* 3kg by next month.
(My goal is lose 3kg… 식으로, be 동사 뒤에 lose라는 일반 동사를 또 쓸 수가 없기에, 동사 원형에 to를 붙인 to 부정사로 만들어서 be 동사의 보어로 만듭니다.)

Practice

1. 그게 나의 문제야.

2. 그건 너의 선택(choice)이었어.

3. <대부>는 내가 제일 좋아하는 영화다.

4. 이거 네 거니?

5. 이제 제 차례(turn)인가요?

6. 그녀는 나의 상사(boss)야.

7. 누구의 잘못(fault)도 아니다.

8. Michael Jackson은 그의 영웅(hero)이었다.

9. 내 목표는 조종사(pilot)가 되는 거야.

10. 이번 월요일은 휴일(holiday)이야.

11. 그것은 잘한 결정(decision)이었어.

12. 이게 왜 문제니?

13. 그녀는 나의 전부였다.

14. 그는 거짓말쟁이(liar)다.

15. 나의 집은 난장판(mess)이다.

16. 이건 비밀(secret)이 아냐.

17. 좋은 거래(deal)였다. (물건을 좋은 가격에 샀을 때)

18. 이게 왜 전부 내 탓(fault)이니?

19. 그건 얘기가 다르다. (상황이 다르다.)

20. 너는 성인(a grown-up)이다.

21. 네가 최고(best)야.

22. 그것은 너의 실수(mistake)였니?

23. 우리는 더 이상 친구가 아니다.

24. 그녀는 외동딸(only child)이니?

25. 무소식이 희소식이다. (소식 - news)

26. 이거 내가 대접(treat)하는 거야. (내가 쏠게.)

27. 그게 다야.

28. 저 여자는 그의 아내니? 여자 친구니?

29. 이 신발들은 다 내 것들이다.

30. 너의 아빠는 군인이셨니?

31. 설거지(doing the dishes)는 네 일이다.

32. 이건 네 잘못이 아냐.

33. 방콕은 태국의 수도(capital)이다.

34. 이것은 유명한 그림(painting)이니?

35. 열심히 하는 것(work hard)이 성공(success)의 열쇠다.

36. 그게 문제가 아냐.

37. Jenny는 너의 친구였니?

38. 그의 부모님 두 분 다 선생님이다.

Answers

1. That is my problem.
2. It was your choice.
3. <The Godfather> is my favorite movie.
4. Is this yours?
5. Is it my turn now?
6. She is my boss.
7. It's nobody's fault.
8. Michael Jackson was his hero.
9. My goal is to be a pilot.
10. This Monday is a holiday.
11. That was a good decision.
12. Why is this a problem?
13. She was my everything.
14. He is a liar.
15. My house is a mess. (또는, My house is very messy.)
16. This is not a secret.
17. That was a good deal.

18. Why is it all my fault?

19. It's a different story.

20. You are a grown-up.

21. You are the best.

22. Was it your mistake?

23. We are not friends anymore.

24. Is she an only child?

25. No news is good news.

26. This is my treat. (또는, This is on me.)

27. That is all.

28. Is that woman his wife or girlfriend?

29. These shoes are (all) mine.

30. Was your dad a soldier?

31. Doing the dishes is your job. (또는, responsibility)

32. It's not your fault.

33. Bangkok is the capital of Thailand.

34. Is this a famous painting?

35. Working hard is the key to success.

36. That is not the problem.

37. Was Jenny your friend?

38. Both his parents are teachers.

❷ Be 동사 + 명사 의문문

앞서 Be 동사 + 형용사 문장의 의문문은, 모르는 부분이 형용사라서 how를 이용하여 만들었는데, 모르는 부분 – 즉 묻고 싶은 부분이 명사인 경우에는, What으로 문장을 만듭니다.

여행은 어땠니?	*How* was your trip?
정말 좋았어.	It was *great*. (형용사)
네 목적지는 어디였니?	*What* was your destination?
파리였어.	It was *Paris*. (명사)

How는 형용사로 대답해야 하는 의문문을 이끌어 주는 의문사이고,
What은 명사를 모를 때 물어보는 의문사입니다.
그 명사가 사람일 경우에는 who, 시간일 경우에는 when, 장소일 경우에는 where를 씁니다.

저 남자는 누구니?	*Who* is that man?
생일이 언제니?	*When* is your birthday?
동물원이 어디니?	*Where* is the zoo?

Practice

1. 그녀가 제일 좋아하는 음식이 뭐니?

2. 누가 너의 선생님이니?

3. 네 졸업식(graduation ceremony)이 언제이니?

4. 그의 고향(hometown)은 어디니?

5. 그는 직업(Job/occupation)이 뭐야?

6. 네가 제일 좋아하는 과목(subject)이 뭐니?

7. 그 노래 제목이 뭐니?

8. 유효기간(expiry date)이 언제야?

9. 네 요점(point)이 뭐야?

10. 누가 Leo의 파트너니?

11. 너의 문제가 뭐니? (너 왜 그러니?)

12. 넌 취침시간(bedtime)이 언제니?

13. 네가 제일 좋아하는 운동선수(athlete)가 누구니?

14. 언제가 제일 좋은 때니?

15. 그의 목표(goal)는 뭐니?

16. 마감일(deadline)이 언제니?

17. 이것들이 다 뭐니?

18. 네 아버지는 누구시니?

19. 내 전화기 어디 있니?

20. 넌 저 여자와 무슨 사이(관계-relationship)이니?

Answers

1. What is her favorite food?
2. Who is your teacher?
3. When is your graduation ceremony?
4. Where is his hometown?
5. What is his job(occupation)?
6. What is your favorite subject?
7. What is the name of that song?
8. What is the expiry date? (또는, When is the expiry date?)
9. What is your point?
10. Who is Leo's partner?
11. What is your problem?
12. When is your bedtime?
13. Who is your favorite athlete?
14. When is the best time?
15. What is his goal?
16. When is the deadline?
17. What are all these?
18. Who is your father?
19. Where is my phone?
20. What is your relationship with her?

Be 동사 + 부사/전치사
: 주어가 ~ 있다. (시간, 장소, 방향, 위치 등을 표현)

우리가 지금까지 알아본 Be 동사 문장에서는 Be 동사가 형용사나 명사와 결합하여 문장을 완성시켜 주는 동사의 역할(수와 시제 표현)을 주로 한다고 하였습니다.
그러나, 부사나 전치사와 연결하여 쓰는 Be 동사는 '있다'라는 존재의 뜻을 나타냅니다.

너 거기 있니?
Are you there? (there 부사)

파티에 많은 사람들이 있었다.
A lot of people *were* at the party. (at 전치사)

네 전화기는 네 주머니에 있다.
Your phone *is* in your pocket. (in 전치사)

❶ Be 동사 + 부사 표현들

부사란, 문장을 만들 때 꼭 필요한 명사, 동사, 형용사를 제외한 나머지 모든 단어와 표현들을 말합니다(전치사 제외). 부사를 떼어 내도 문장은 여전히 성립하지만, 한편으론 문장에 추가적 의미를 부여할 때 쓰는 것이 부사입니다.

부사가 하는 역할은 다음과 같습니다.
    1. 형용사를 꾸며 줌. (I am *very* hungry.)
    2. 동사를 꾸며 줌. (He runs *fast*.)
    3. 문장 전체를 꾸며 줌. (*Sometimes*, he is selfish.)
    4. 다른 부사를 꾸며 줌. (You need to handle the glass *really* carefully.)
    5. 문장의 주된 요소가 아닌 것은 모두 부사입니다. (He is not rich *anymore*.)
    always, so, too, very, almost, already, still, even, yesterday, last week, anymore…

※ 참고 다음 단어들은 형용사이면서 부사로도 쓰입니다.
easy, fast, fair, fine, hard, late, low, pretty, quick, real, right, sharp, short, slow, straight, tight, wide, wrong…

그리고, 형용사에 ~ly를 붙여서 부사로 만들기도 합니다.
    nicely, quickly, perfectly, loudly, softly, strongly…

※ 참고 friendly, lively, lovely, lonely, silly 등은 형용사입니다. (부사 아님)

그는 늘 늦는다. He is *always* late.

날씨가 6월에 엄청 더웠다. The weather was *so* hot in June.

소리가 너무 컸다. It was *too* loud.

케익이 아주 맛있었다. The cake was *very* yummy.

그 결혼식은 *거의* 완벽했다. The wedding was *almost* perfect.

벌써 어둡다. It is *already* dark.

너 *아직도* 배고프니? Are you *still* hungry?

*지난주*에 비가 왔다. It was rainy *last week*.

과일은 *더 이상* 싸지 않다. Fruits are not cheap *any more*.

네 말이 *절대적으로* 맞아. You are *absolutely* right.

그 신발들은 편하지도 않다. These shoes are not *even* comfy.
(even: 심지어, ~조차도) (comfortable을 comfy라고 많이 씀)

Practice

1. 인생이 늘 공평하진 않다.

2. 이게 왜 이렇게 비싼 거야?

3. 너 아직도 깨어 있니? (awake)

4. 쌍둥이들(twins)조차도 서로 다르다.

5. 너무 늦었다.

6. 네 얼굴이 거의 창백하다. (pale)

> **Answers**

1. Life is not *always* fair.
2. Why is this *so* expensive?
3. Are you *still* awake?
4. *Even* twins are different.
5. It's *too* late.
6. Your face is *almost* pale.

Be 동사와 연결하여 문장을 만드는 부사: here, there, home, downtown, upstairs, downstairs, away, back, up, down, over, on, off, in, out, together 등.

> ※ **참고** home은 '집'이라는 명사지만, '집에'라는 뜻의 부사이기도 합니다.
> 예를 들어, '나는 집에 있다'를 말할 때, home을 명사로 써서 전치사 at과 연결하여, 'I am at home.'이라고 할 수도 있고, home을 '집에'라는 뜻의 부사로 써서 'I am home.' 할 수도 있습니다.
>
> 그러나, '집에 가다', 또는 '집에 가야 한다' 할 때는 home을 부사로 써서
> 'I am going home.' 또는 'I have to go home.'이라고 합니다.
> (I am going to home. (x) I have to go to home. (x))

Be 동사가 부사와 쓰여 완벽한 문장이 되는 아래 예문들을 보겠습니다.

Alex는 어디에 있니? Where is Alex?
여기 있어. He is *here*.

그들은 집에 있었니? Were they *home*?
아무도 집에 없었다. Nobody was *home*.

둘이 같이 오셨나요? Are you *together*?

네 가방은 아래층에 있다. Your bag is *downstairs*.

경기가 끝났다. The game is *over*.

불이 켜져 있었니? Were the lights *on*?

해가 지고 달이 떴다. The sun is *down* and the moon is *up*.

너 어디에 있니? Where are you?
나 거의 다 왔어. I am almost there.

> ※ **참고** 'almost there'는 위치적으로 거의 다 왔다, 또는 뭔가를 다 해 갈 때도 씁니다.
> Did you finish your homework? 너 숙제 다 했니?
> I am almost there. 거의 다 해 가.

❷ Be 동사 + 전치사 표현들

전치사는 말 그대로 '앞에 위치하는' 단어로서, 명사 앞에 위치합니다.
다시 말해, **전치사 다음에는 명사(형)**를 써야 합니다.

전치사: In, on, at, over, of, under, above, below, before, after, behind, beyond, off, among, between, with, out of, to, up, down, for, from, by, until, up to, during, since, within, about 등.

이들 중에서 in, on, at, out of, about을 이용한, 많이 쓰이는 표현들을 알아보겠습니다.

🖊 In: ~안에

어떤 공간이나 테두리 안에 있을 때, 나라명, 연도나 월 표현 등에 쓰입니다.

> ※ **참고** in의 반대 표현은 out (of)입니다.

네 휴대폰 어디에 있니? Where is your cell phone?
가방 안에 있어. It's *in* my bag.

너 어디에 있었니? Where were you?
회의 중이었어. I was *in* the meeting.

너 생일은 언제니? When is your birthday?
5월이야. It's *in* May.

그들은 언제 한국에 있었니? When were they *in* Korea?
그들은 2019년도에 한국에 갔었어. They were *in* Korea *in* 2019.

In을 이용한 표현들:

in languages 언어 (in Korean, in French, in Spanish…)
in weather 날씨 (in the rain, in the snow, in the sun…)

in seasons 계절 (in the spring, in the summer, in the fall, in the winter)
in the morning, in the afternoon, in the evening (night은 at night)
in directions 방향 (in the east, in the west, in the south, in the north)
in the past, in the future, (present는 at present), in general (대체적으로)
in the world (세상에), in trouble (곤경에), In my opinion (내 생각에)
in advance (미리), in a row (연달아서), in detail (자세히), in person (직접)
in public (공중의), in private (사적인), in reality (현실에서), in class (수업에)

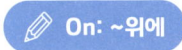 **On: ~위에**

표면 위뿐 아니라, on the wall, on the ceiling처럼, 접촉/연결을 표현할 때도 사용합니다.

※ **참고** on의 반대 표현은 off입니다.

책이 어디에 있니? Where is the book?
책상 위에 있어. It's *on* the desk.

그의 사무실은 2층이야. His office is *on* the second floor.

너 내 편이니? Are you *on* my side?

내가 살게. It's *on* me.

서비스예요. (식당에서 공짜로 줄 때) It's *on* the house.

※ **참고** 요일에는 on을 씁니다. (회화에서는 on을 생략하기도 합니다.)
I will see you (on) Monday. 월요일에 보자.
그러나, this Monday나 last Monday 등 수식어가 붙으면 on을 쓰지 않습니다.

I went downtown last Monday.
나는 지난 월요일에 시내에 갔다.
We have a meeting this coming Monday.
우리는 이번 월요일에 회의가 있다.

On을 이용한 표현들:

on TV (TV에서)   on the radio (라디오에서)   on the bus (버스에서)
on the train (기차에서) on the airplane (비행기에서)   on the ship (배에서)
on purpose (일부러)   on business (사업차)   on time (시간에 맞춰)
on duty (근무 중에)   on vacation (휴가 중)   on Christmas (성탄절에)

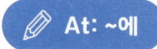 **At: ~에**

한시적으로 어떤 일이 일어나고 있는 장소, 이벤트, 또는 시간, 속도 등을 표현할 때

> ※ **참고** at table(식사 중), at church(예배 중), at work(직장에 있음),
> at school(학교에 있음)

너 어디 있었니? Where were you?
파티에 갔었어. I was *at* the party.

그는 어디 있었니? Where was he?
극장에 있었어. He was *at* the theater.

네 부모님들은 어디에 계시니? Where are your parents?
직장에 계시지. They are *at* work.

At을 이용한 표현들:

At first (처음엔)   at least (적어도)   at a time (한번에)   at the moment (지금은)
at the same time (동시에)   at all (전혀, 하나도-부정문이나 의문문에서)

I am not hungry *at all*. 나 배가 하나도 안 고파.
Is it possible *at all*? 이게 도대체 가능한가요?

※ **참고** in school과 at school의 차이점

In school은 (학교라는 시스템 안에 있는) 학생이다.
at school은 (위치적으로 몸이) 학교에 있다.

1. A: Are you working? 너 일하니?
   B: No, I am still *in* school. 아뇨, 아직 학교 다녀요. (학생이에요.)

2. A: Where are you? 너 어디 있니?
   B: I am still *at* school watching the concert. 아직 학교에서 콘서트 보고 있어.

✏️ Out of: ~의 바깥에, ~ 밖에, ~가 다 떨어진/없는

우유가 다 떨어졌다. We are *out of* milk.

그의 아들은 통제 불능이야. (통제가 안 돼.) His son is *out of* control.

그들은 돈이 다 떨어졌었다. They were *out of* money.

그들은 지난주에 여기(시내에) 없었다. They were *out of* town last week.

너 정신 나갔니? Are you *out of* your mind? (= Are you crazy?)

나는 숨이 찼다. I was *out of* breath.

Out of를 이용한 표현들:

9 out of 10 (십중팔구)   Out of curiosity (호기심에서)
Out of sight, out of mind (눈에서 멀어지면 마음도 멀어진다)

About: ~에 관하여, ~에 대하여, 대략/대충

이 책은 한국 역사에 관한 것이다. This book is *about* Korean history.

대략 2시경이었다. It was *about* 2 o'clock.

저 가게는 포도주에 관한 걸 취급한다. That store is all *about* wine.

이건 돈 문제가 아니다. 신뢰에 관한 문제다.
It's not *about* money. It's *about* trust.

Like: ~같은, ~처럼

like가 동사일 때는 '좋아하다'이지만, 전치사로서 '~처럼'이란 뜻이 있습니다. 동사인지 전치사인지의 구분은 문장에 동사가 있느냐 없느냐로 할 수 있습니다.

나는 아빠를 좋아한다.
I *like* my dad. (like가 동사)
나는 아빠 같다. (아빠와 취향이나 성격이 비슷하다.)
I *am like* my dad. (am이 동사, like는 *전치사*)
(= Like father, like son. 부전자전)

Sam은 수학선생님을 좋아한다.
Sam *likes* his math teacher. (like가 동사)
Sam은 수학선생님처럼 말한다.
Sam *talks like* his math teacher. (talk가 동사, like는 *전치사*)

요즘 전화는 꼭 손안의 컴퓨터 같다.
A smart phone *is like* a computer in your hand. (is가 동사, like는 *전치사*)

> ✏️ 그 외에 꼭 알아 두어야 할 전치사 표현들

In a good/bad mood: 기분 좋은/나쁜 상태에 있는

The boy is always in a good mood. 그 소년은 늘 기분이 좋다.

Why are you in a bad mood? 너 왜 기분이 안 좋니?

In the mood to 동사 / for 명사: ~할 기분이다.

I am not in the mood to watch a movie. 나 지금 영화 볼 기분이 아냐.

She was in the mood for beer. 그녀는 맥주가 땡겼다.

In the middle of: ~하는 중간에 있는, ~하는 도중인

Can I call you back? I am in the middle of a meeting.
나중에 전화드려도 될까요? 지금 회의 중이에요.

My son always wakes up in the middle of the night.
우리 아들은 늘 한밤중에 깬다.

The phone rang when I was in the middle of taking a shower.
샤워 중일 때 전화가 울렸다.
(of가 전치사라서 take에 ing를 붙여 동명사 taking으로 만들어 줌)

On the way to: ~ 가는 길에(On one's way to)

I was on the way to work. (on my way to work)
회사에 출근하는 길이었다.

Can you get some chicken on the way home? (on your way home)
집에 올 때 치킨 좀 사 올래?

> ※ **참고**: home, here, there 등은 '~에'의 뜻이 포함된 부사라서 'to'를 쓰지 않습니다.
> It was rainy on the way there.
> 거기 가는 길에 비가 왔다.

On one's side: ~의 편에

My parents are always on my side. 우리 부모님은 늘 내 편이다.
Whose side are you on? 넌 누구 편이니?

On a trip to ~: ~로 여행 중에

My parents are on a trip to Europe.
우리 부모님은 유럽 여행 중이시다.

On fire: ~를 굉장히 잘하는

We played tennis this morning and Grace was on fire.
She didn't make any errors.
우리 아침에 테니스 쳤는데, Grace가 오늘 엄청 잘하더라.
실수를 하나도 안 했어.

On a diet: 식이요법 중인

Are you on a diet? 너 식단 조절 중이니?

On one's own: 혼자, 스스로

My grandpa lives on his own.
우리 할아버지는 혼자 사신다.

My daughter went on a trip to Africa on her own.
내 딸은 혼자 아프리카로 여행을 갔다.

On sale: 할인 중

All shoes are on sale. 신발 전부 다 세일 중이다.

> ※ **참고** For sale: 팔려고 내놓은
> Is this car for sale? 이 차 파시는 거예요?

On purpose: 일부러

They were late on purpose.
그들은 일부러 늦었다.

Were you mean to him on purpose?
너 그 사람한테 일부러 못되게 굴었니?

Around the corner: 모퉁이에, 다가오고 있다.

The post office is around the corner.
우체국은 바로 그 모퉁이에 있다.

Spring is around the corner.
봄이 오고 있다.

Practice

1. 나는 어제 하루 종일(all day) 집에 있었다.

2. 너의 부모님은 집에 계시니?

3. 그들은 아직도 같이 지내니?

4. 너는 거기에 없었다.

5. 제 이름이 대기자 명단(waiting list)에 있나요?

6. 그는 아무와도 얘기할 기분이 아니었다

7. 끝날 때까지 끝난 게 아니다.

8. 끝나야 끝난 것이다.

9. 왜 불이 다 켜져 있니?

10. 게임이 끝났니?

11. 거기 가는 길에 그들은 피곤했다.

12. 정보(information)를 좀 얻으러 왔습니다.

13. 나는 아이디어가 다 떨어졌다.

14. 나 지금 뭐 하는 중이야. 내가 전화할게.

15. 그는 왜 어젯밤에 기분이 안 좋았니?

16. 미국이 언제나 우리 편은 아니다.

17. 많은 사람들이 저 빌딩 안에 있다.

18. 내 방은 2층에 있다.

19. 그는 정신이 나가 있었다.

20. 이건 우정(friendship)에 관한 문제이다.

21. 집에 오는 길에 기름(gas)이 다 떨어졌다.

22. 그는 아까(earlier) 여기 왔었다.

23. 러시아의 크리스마스는 1월에 있다.

24. 그는 참을성(patience)이 다 떨어졌다.

25. 줄 서신 거예요?

26. 나는 연습(practice)이 부족했다.

27. 개들은 고양이 같지 않다.

28. 모든 게 다 세일인가요?

29. James는 어느 나라에서 왔니?

30. Pablo는 스페인 출신이다.

Answers

1. I was (at) home all day yesterday.
2. Are your parents at home?
3. Are they still together?
4. You were not there.
5. Is my name on the waiting list?
6. He was not in the mood to talk to anyone.
7. It's not over until it's over.
8. It's over when it's over.
9. Why are all the lights on?
10. Is the game over?
11. They were tired on the way there.
12. I am here to get the information.
13. I am out of ideas.
14. I am in the middle of doing something. I will call you back.
15. Why was he in a bad mood last night?

16. The U.S. is not always on our side.
17. A lot of people are in that building.
18. My room is on the second floor.
19. He was out of his mind.
20. This is about friendship.
21. We were out of gas on the way home.
22. He was here earlier.
23. Russians' Christmas is in January.
24. He was out of patience.
25. Are you in line?
26. I was out of practice.
27. Dogs are not like cats.
28. Is everything on sale?
29. What country is James from?
30. Pablo is from Spain.

부사(구)

현지인이 일상생활에서 많이 쓰는, 아주 유용한 4개의 부사(구)를 알려 드리겠습니다.

Kind of: 약간 ~ 편이다. 좀 ~한 것 같다.
'Kind'는 형용사로 '친절한'의 뜻입니다. 그런데, of와 같이 쓰여서 '~한 편이다.'란 뜻의 부사구로 쓰입니다. 특히, 부정적인 표현에서 그 강도를 약화시켜 줍니다. 대부분의 경우에 '카인드 오브'로 다 발음하지 않고 '카이나'로 슬쩍 넘어가기 때문에 잘 안 들릴 수 있습니다.

I am kind of hungry. 나 좀 배고픈 것 같아.
They were kind of rude. 그들은 약간 좀 무례했다.
It is kind of urgent. 이거 약간 좀 급한데요.
She was kind of nervous. 그녀는 약간 좀 떨렸다.
I was kind of selfish. 나 약간 좀 이기적이었다.

> ※ **참고** 같은 표현으로 'sort of'가 있습니다. 이것도 발음을 '쏠트 오브' 하지 않고 '쏘로(브)' 합니다.
> The movie is sort of violent. 그 영화는 좀 폭력적인 편이다.

Pretty: 꽤 (형용사로는 '예쁜'의 뜻이지만, 부사로는 '꽤'입니다.)
The movie is pretty good. 그 영화는 꽤 괜찮다.
It's pretty far from here. 여기서 꽤 멀어요.
The exam was pretty difficult. 시험이 꽤 어려웠다.

A: How are you? 어떠세요? (인사)
B: Pretty good. How about you? 꽤 좋아요. 당신은요?

Enough: (형) 충분한, (부사) 충분히 ~한. (명) 충분한 양
부사로 쓰일 때 위치가 어디인지 주의하시기 바랍니다.
보통 부사는 형용사 앞에 위치하는데, 부사로서 enough는 형용사 뒤에 옵니다.

형용사일 때:
Is this enough? 이 정도면 충분하니?
That's enough. 그 정도면 충분해. 또는, 그만해! (정도를 지나칠 때 경고하듯)

명사일 때:
Did you have enough? 충분히 먹었나요? (충분한 양을 먹었나요?)
It's more than enough. 충분하고도 남아요. (충분한 양보다 많아요.)

A: Would you like some more? 좀 더 드실래요?
B: No, thanks. I had enough. 아니, 괜찮아요. 충분히 먹었어요.

부사일 때:
A: Can you reach that? 저기 손 닿니?
B: No, I am not tall enough. 아니, 그렇게 키가 안 커.

A: Can I go on that ride? 제가 저 놀이기구를 탈 수 있나요?
B: Sorry, no. You are not old enough. 미안, 넌 아직 나이가 안 돼.

A: I like hot coffee. 난 뜨거운 커피가 좋아.
B: Is this coffee hot enough? 이 정도면 충분히 뜨겁니?

※ **참고** enough의 충분함의 기준을 제시하고 싶을 때, to 부정사를 연결합니다.
You are not old enough to drink.
넌 술 마실 나이가 안 된다.

She is rich enough to retire.
그녀는 은퇴해도 될 만큼 부자다.

My dad was strong enough to lift me up.
우리 아빠는 나를 들 만큼 힘이 셌다.

That: 그 정도로, 그렇게, 그만큼
대화에 어떤 기준이 내포되어 있을 때, '그 정도로 ~인'의 의미입니다.
That man, that movie… 등등 명사 앞에 지시어로 쓰일 때가 아닌,
뒤에 나오는 형용사를 꾸며 주는 부사로 쓰일 때 '~할 정도로 ~인'을 의미합니다.

A: Do you want to have 라면 and 김밥?
    라면하고 김밥 먹을래?
B: I am not that hungry. 김밥 is enough.
    그렇게 배고프진 않아. 김밥이면 충분해.

A: Did she go to Harvard University?
    그녀는 하버드대학에 갔니?
B: She is not that smart.
    그만큼 똑똑하진 않아.

A: They bought a Porsche last week.
그들은 지난주에 포르쉐를 샀어.

B: Are they that rich?
그들이 그렇게나 부자야?

A: Should we take the bus?
버스 타야 되나?

B: No, it's not that far. Let's just walk.
아니, 그렇게 멀지 않아. 그냥 걸어가자.

서로가 상황을 알고 있을 때, enough 뒤의 to 부정사를 that과 바꿔 쓸 수 있습니다.

I am not tall enough to reach the ceiling. → I am not that tall.

This coffee is not hot enough to enjoy. → This coffee is not that hot.

She is not smart enough to go to Harvard. → she is not that smart.

They are rich enough to buy a Porsche. → They are not that rich.

Practice

1. 그는 약간 좀 운이 없었다. (unlucky)

2. 나는 어제 꽤 피곤했다.(tired)

3. 이 정도면 충분하니? (enough)

4. 그녀는 약간 좀 수줍음을 탄다.

5. 시험이 그렇게 어렵지 않았다. (difficult/hard)

6. 우리 부모님은 꽤 건강하시다. (healthy)

7. 돈이 그 정도로 중요하진 않아. (Important)

8. 그 게임은 약간 좀 불공평했다. (unfair)

9. 이 커피는 꽤 진하다. (strong)

10. 그 파티는 좀 지루했다. (boring)

11. 살을 빼는 것(lose weight)은 꽤 힘들다. (hard)

12. 그는 교수가 될 만큼 똑똑하니?(smart)

13. 난 그렇게 멍청하지 않아. (stupid/silly)

14. 내 영어는 의사소통(communicate)할 정도다.

Answers

1. He was kind of unlucky.
2. I was pretty tired yesterday.
3. Is it enough?
4. She is kind of shy.
5. The exam was not that hard/difficult.
6. My parents are pretty healthy.
7. Money is not that important.
8. The game was kind of unfair.
9. This coffee is pretty strong.
10. The party was kind of boring.
11. Losing weight is pretty hard.
12. Is he smart enough to be a professor?
13. I am not that stupid.
14. My English is good enough to communicate.

Be 동사 + 형용사 + 전치사 문장 만들기
: 구문 연습

❶ Be 동사 + 형용사 + 전치사 문장

앞서, Be 동사와 형용사를 사용하여 3~4마디 정도의 기본적인 문장 만들기 연습을 하였는데, 그 문장들에 조금 더 살을 붙이는 연습을 해 보겠습니다.

예를 들어, '저 식당은 유명해.'라는 말은, 'That restaurant is famous.'라고 하면 기본적인 문장이 완성됩니다. 그런데, 뭘로 유명한지를 추가하여, '저 식당은 해산물 파스타로 유명해.'를 말하고 싶다면, 얼핏 말이 길어지고 복잡해진 듯하지만, 문장의 뼈대는 여전히 '저 식당은 유명해.' 입니다. 거기에 뭘로 유명한지를 전치사 for와 연결해 주면 됩니다. (여기서 for는 '~에 대하여' 라는 뜻입니다.)

That restaurant is famous for seafood pasta.

이렇듯, 'be famous for'를 써서 주어가 '~로 유명하다'라는 표현을 할 수 있게 되면, '한국은 김치로 유명하다. (Korea is famous for kimchi.)', '싸이는 강남스타일로 유명하다. (Psy is famous for Gangnam style.)' 등등의 수많은 표현을 만들어 낼 수가 있습니다.

하나 더 예를 들어 보겠습니다.
'화났니?'는 'Are you mad?'라고 하겠죠. 그럼, '나한테 화났니?'는 어떻게 할까요?
'화났니?'라는 기본 뼈대 문장에 '나한테'를 추가하면 됩니다. 화가 난 상대방은 at을 연결하여 표현합니다.

Are you mad at me?

그럼, '너한테 화난 거 아냐.'를 해 볼까요?
'나는 화난 게 아니다.'라는 기본 Be 동사 문장에 '너한테'를 붙이면 됩니다.

I am not mad. → I am not mad at you.

이렇듯, 기본 Be + 형용사 문장에 전치사를 연결하여 많은 문장들을 만들어 낼 수가 있는데, 이런 문장의 틀을 저는 '구문'이라고 표현합니다. 많이 쓰이는 유용한 구문들을 정리해 보고 연습해 볼 텐데, 여기서 우리가 만들어 내는 모든 문장들은 앞서 연습한 Be + 형용사를 뼈대로 하고 있습니다. 문장의 첫 두 마디인 주어와 Be 동사를 일단 빨리 내뱉는 연습을 하는 것은 머릿속에서 문장의 틀을 잡아 내는 아주 중요한 훈련입니다.

✏️ Happy with: 만족한, 맘에 드는, ~를 가지고 기분 좋은

With는 '~와 함께', '~를 가지고 있는'이라는 뜻의 전치사입니다.
그래서 'Be happy with + 명사'는 '~를 가지고 행복하다'
즉, '~가 맘에 든다' 또는 '~에 만족하다'라는 표현입니다.

나는 내 직업에 만족한다.
I am happy with my job.

그는 새 컴퓨터를 맘에 들어 하니?
Is he happy with his new computer?

Practice

1. 그녀는 그 결과(result)에 만족한다.

2. 너는 너의 연봉(salary)에 만족하니?

3. 그는 왜 서비스에 불만족했니?

4. 우리 부모님은 새집을 맘에 들어 했다.

5. 너의 선택(choice)에 만족하니?

6. 아무도 새 규칙(rule)을 맘에 들어 하지 않는다.

7. 선생님은 그 학생의 태도(attitude)가 맘에 들지 않았다.

8. 그는 그의 인생에 만족한다.

Answers

1. She is happy with the result.
2. Are you happy with your salary?
3. Why was he not happy with the service?
4. My parents were happy with their new house.
5. Are you happy with your choice?
6. Nobody is happy with the new rule.
7. The teacher was not happy with the student's attitude.
8. He is happy with his life.

Happy for: 잘됐다, 기쁘다

어떤 사람에게 일어난 좋은 일에 대해 나도 기쁘다는 뜻입니다.
상대방이 원하던 일이 이루어졌다는 소식에 잘됐다고 맞장구쳐 주는 표현입니다.
'For + 사람'을 넣어 줍니다.

나 취직됐어.	잘됐다. (너한테 잘된 일에 대해 내가 기쁘다.)
I got a job.	I am happy for you.

Emma와 Jack이 드디어 임신했대.	어머, 잘됐다.
Emma and Jack finally got pregnant.	Oh, I am happy for them.

> ※ **참고** 'Sorry for 사람'
> 'happy for 사람'과 반대 표현입니다. 상대방에게 일어난 안 좋은 일에 대해 '불쌍하다' 또는 '안됐다'라고 유감을 표현하는 말입니다.
>
> A: He lost his son in a car accident. 그는 차 사고로 아들을 잃었어.
> B: I am so sorry for him. 너무 안됐다. (안 좋은 소식에 유감 표현)

✎ Close to: 가까운, 친한, 거의 ~할 뻔한

거리적으로 가깝다는 의미에서 출발합니다.
여기서 to는 전치사라서, 그다음에는 명사(형)를 써야 합니다.
동사가 올 경우, ~ing를 붙여 명사형인 동명사로 만들어서 연결합니다.

> ※ **참고** 발음을 /clous/ - (클로우스)로 하셔야 형용사입니다.
> /clouz/ - (클로우즈)로 발음하면 '닫다'라는 뜻의 동사가 됩니다.
> 꼭 주의하셔서 발음하시기 바랍니다. 본인은 '가까운'이라는 의미로 말한다고 생각했지만, '클로우즈' 하면 상대방은 못 알아듣거나 다르게 알아듣습니다.

우리 집은 지하철 역에서 가깝다. My house is close to the subway station.

Daniel은 Sally와 친하다. (가까운 사이다.) Daniel is close to Sally.

넌 아빠와 친하니? Are you close to your dad?

나는 거의 이길 뻔했다. I was close to winning.
(여기 to는 전치사이고, 전치사 뒤에는 반드시 명사를 써야 하므로, win이라는 동사에 ing를 붙여서 동명사로 만들어 줍니다. 뜻은, 이길 뻔만 하고, 실제로 이기지는 않았습니다.)

> ※ **참고** 서로가 어떤 이야기를 하는지 알고있는 경우에,
> 'That was close'라고 to 이하를 생략하고 말하는 경우가 많습니다.
>
> 누가 컵을 들고 있다 떨어뜨릴 뻔 했을 때 – 'That was close.'
>
> 막상막하였던 경기가 끝났을 때 – 'That (the game) was close.'
>
> 집에 막 도착하자마자 비가 오기 시작했을 때 – 'That was close.'

이 모든 경우에, 실제로 그 일은 일어나지 않았습니다.
그럴 뻔하기만 했다는 표현입니다.
일반 동사를 쓸 경우에, '~할 뻔하다'라는 표현은 'almost'로 표현할 수 있습니다.
마찬가지로, 어떤 일이 벌어지지는 않고 그럴 뻔만 한 것입니다.

I almost cried. 나는 거의 울 뻔했다. (울지 않았음)
He almost got the job. 그는 취직될 뻔했다. (취직 안 됐음)

Practice

1. 너는 Jamie와 친했니?

2. Sara와 나는 더 이상 친하지 않다.

3. 내 동생은 모두와 친하다.

4. 그 게임은 막상막하였다.

5. 우리 집은 은행과 가깝다.

6. 우리는 헤어질(break up) 뻔했다.

> **Answers**

1. Were you close to Jamie?
2. Sara and I are not close any more.
3. My brother is close to everyone.
4. The game was (very) close.
5. My house is close to the bank.
6. We were close to breaking up.
(전치사 to 뒤에 오는 동사 break에 ing를 붙여 동명사 breaking으로 만들어 줌)

> ✏️ **Good: 좋은, 맛있는, 재미있는, 질이 좋은, 잘하는, 유효한**

음식이 어때요? How is the food?
맛있어요. It's good.

파티는 어땠니? How was the party?
재미있었어요. It was good.

오늘 학교는 어땠니? How was school today?
좋았어요. It was good.

> ✏️ **① Good for: ~에 좋은**

운동은 건강에 좋다. Exercise is good for health.

우유는 몸에 좋니? Is milk good for you?

흡연은 건강에 안 좋다. Smoking is not good for you.

Practice

1. 비타민 C는 피부에 좋다.

2. 짠 음식(salty food)은 몸에 안 좋다.

3. 땅콩은 두뇌(brain)에 좋다.

4. 스트레스는 정신건강(mental health)에 좋지 않다.

5. 모유(breast milk)는 아기에게 좋다.

6. 걷는 것(walking)은 건강에 좋다.

✏️ ② Good for: ~ 동안 좋은 → 유효한

김밥은 하루 동안 괜찮다. (하루 지나면 상한다.)
Kimbob is good for one day.

이 약은 6개월간 유효하다. (유효기간이 6개월이다)
This medicine is good for 6 months.

이건 유효기간이 얼마나 되나요? (얼마나 오래가나요?)
How long is this good for?

※ **참고** 얼마 동안의 기간이 아닌, '~까지'라는 표현은 until을 쓸 수 있습니다.

This bread is good until Monday. 이 빵은 월요일까지 괜찮다.
The lift tickets are good until 5pm. 이 승차권은 5시까지 쓸 수 있다.

Practice

7. 이 회원권(membership)은 1년 동안 유효하다.

8. 이 치즈는 유효기간이 어느 정도인가요?

9. 이 건전지는 약 6개월 간다.

10. 요즘 휴대폰은 2년 정도 쓴다.

Answers

1. Vitamin C is good for skin.
2. Salty food is not good for you.
3. Nuts are good for the brain.
4. Stress is not good for mental health.
5. Breast milk is good for babies.
6. Walking is good for you.
7. This membership is good for a year.
8. How long is this cheese good for?
9. This battery is good for 6 months.
10. These days cell phones are good for 2 years.

Good at: ~을 잘하다

우리 아들은 수학을 잘한다. My son is good at math.

너 음식 잘하니? Are you good at cooking?
(at이 전치사이므로 동사 cook에 ing를 붙여서 동명사로 만들어 줍니다.)

Practice

1. 우리 엄마는 노래를 잘한다.

2. 그녀는 영어를 잘하니?

3. John은 춤을 잘 못춘다.

4. 우리 선생님은 이름 외우는 걸 잘 못한다.

5. Sandy는 칵테일(cocktail)을 잘 만든다.

6. 한국 사람들은 응원을 잘한다. (cheer)

7. 그녀는 뭐든 잘한다.

8. 너는 뭘 잘하니?

9. 아이들은 거짓말을 잘 못한다.

10. 나는 잘하는 게 없다.

Answers

1. My mom is good at singing.
2. Is she good at English?
3. John is not good at dancing.
4. My teacher is not good at remembering names.
5. Sandy is good at making cocktails.
6. Korean people are good at cheering.
7. She is good at everything.

8. What are you good at?
9. Kids are not good at lying.
10. I am not good at anything.

> ※ **참고** 'be good at'의 반대 표현은 'be poor at ~를 잘 못한다'입니다.
> Poor는 '가난한'이라는 뜻 말고도 '불쌍한'과 '형편없는, 질이 떨어지는'의 뜻이 있습니다.
> 회화에서는 poor 대신에 bad나 terrible를 쓰기도 합니다.
>
> I have a cold and I am so sick. 나 감기 걸려서 많이 아파.
> oh, poor you. 어머, 안됐다. (어머, 불쌍한 것.)
>
> I am poor at making 라면. 난 라면을 잘 못 끓여.

> ※ **참고** '~를 잘한다'를 '~를 잘하는 사람이다'라고 표현할 수도 있는데,
> 동사에 '~er'을 붙여서 그 동작을 하는 주체를 나타냅니다.
> sing → singer   write → writer   run → runner
>
> He is good at driving. = He is a good driver.
> Susan is good at dancing = Susan is a good dancer.
> My son is good at skating. = My son is a good skater.
>
> 예외: 요리사는 cooker가 아니라, cook입니다.
> My mom is good at cooking. = My mom is a good cook.
>
> 동작의 주체가 사람이 아닌 경우도 있습니다.
> lighter 라이터   stopper 병 뚜껑 마개

✎ Ready for/to: 준비가 되어 있는

전치사 For나 to 부정사(to + 동사 원형)와 연결하여 '~할 준비가 되어 있는'입니다.
for는 명사를 연결하여 쓰고, 동사가 올 때는 to 부정사로 연결하여 씁니다.

저녁이 다 준비되었다.
Dinner is ready.

나는 저녁 먹을 준비가 되어 있다.
I am ready for dinner. (또는 I am ready to have dinner.)

그들은 학교 갈 준비가 되어 있다.
They are ready for school. (또는 They are ready to go to school.)

Practice

1. 아이들이 잠 잘 준비가 되어 있다.

2. 그들은 결혼할(get married) 준비가 되어 있니?

3. 시험 볼 준비가 되어 있니?

4. Tom은 출근할(go to work) 준비가 되어 있지 않았다.

5. 우리 시작할 준비가 됐나요?

6. 나는 그 기회(opportunity)에 준비되어 있지 않았다.

7. 주문(order)하시겠어요? (주문할 준비가 되었나요?)

Answers

1. The kids are ready to sleep.
2. Are they ready to get married?
3. Are you ready for the exam?
4. Tom was not ready to go to work.
5. Are we ready to start?

6. I was not ready for the opportunity.

7. Are you ready to order?

✏️ Tired of: 피곤한/지겨운/질린

tired는 '피곤한'이지만, of와 같이 쓰이면 '지겹다, 질린다'라는 뜻입니다.

나는 그 노래가 지겹다. I am tired of that song.

그녀는 그에게 질렸다. She is tired of him.

Practice

1. 매일 라면 먹는 게 지겹다.

2. 그는 한국 음식에 질렸니?

3. 너는 그의 변명(excuses)들이 지겹니?

4. 불평하는(complain) 것도 질린다.

5. 너는 똑같은 말 반복하는게 지겹지도 않니?

※ **참고** 비슷한 표현에 'Be sick of', 'Be sick and tired of'가 있습니다.
I am tired of it.   I am sick of it.   I am sick and tired of it.
다 같은 의미로 세 가지 표현들 모두 다 많이 쓰입니다.

Answers

1. I am tired of eating ramen every day.

2. Is he tired of Korean food?

3. Are you sick and tired of his excuses?

4. I am tired of complaining.

5. Aren't you tired of saying the same thing over and over?

✏️ Mad at: 미친/화난/삐친

우리가 보통 '미친'으로 알고 있지만, '화난, 삐친'의 의미로도 많이 쓰입니다.

누가 'He is mad.'라고 하면 그가 미쳤다는 건지 화가 났다는 건지 알 수 없습니다.

영어는 상황을 보지 않고는 해석할 수 없는 경우가 많습니다. 우리가 알고 있다고 생각하는 쉬운 단어가 사실은 가장 어려운 단어인 것은, 그 단어가 표현할 수 있는 의미가 많아서 상황을 모르고서는 해석할 수가 없기 때문이죠.

가볍게 화났다거나 삐졌다는 표현을 할 때 정말로 많이 쓰는 단어가 이 mad입니다.

화난 상대방은 at를 연결하여 씁니다.

나는 내 자신에게 화가 났었다. I was mad at myself.

그녀는 그녀의 부모님에게 화가 났다. She was mad at her parents.

> ※ **참고** 화났다는 다른 표현인 Angry는 'with + 사람'으로 씁니다.
> mad보다 조금 더 화난 정도가 심할 때 angry를 씁니다.
> My dad was angry with me. 아빠는 나에게 화가 많이 나셨었다.
>
> '~에 대하여 화가 났다'는 about을 씁니다.
> I am not mad at you. I am just mad about the situation.
> 난 너한테 화난 게 아니고, 그냥 이 상황에 화가 난다.

> ※ **참고** '속상한'이란 표현에 upset도 있습니다.
> 동사 '뒤집다, 전복시키다'에서 나왔는데, 배가 뒤집히듯 속이 뒤집어진다는 표현입니다.
> I was upset. 나는 속상했다.   upset stomach 배탈

> **Practice**

1. Dan은 너한테 화난 게 아니었다.

2. 그는 왜 너에게 화가 났니?

3. 모두가 Peter에게 화났었다.

4. 나한테 화내지 마.

> **Answers**

1. Dan was not mad at you.
2. Why is he mad at you?
3. Everyone was mad at Peter.
4. Don't be mad at me.

> ✏️ **Crazy about: ~에 미쳐 있는/정신이 쏙 빠져 있는**

이 단어도 상황에 따라 뜻이 달라집니다. 길가에서 이상한 행동을 하는 사람에게 'He is crazy.' 하면 아마도 '저 사람 미쳤나 봐'라는 뜻이겠지만, 5살짜리 딸이 막 춤추고 깔깔대는 모습을 보는 아빠가 웃으면서 'She is crazy!' 하면 '못 말린다', '귀엽다'의 뜻입니다.

어쨌든, crazy에서 꼭 알아야 할 표현은 'Be crazy about + 사람 또는 사물'입니다. '어떤 것에 미쳐 있다', '~을 너무 좋아한다', '~에 정신이 쏙 빠져 있다'입니다.

나의 멕시코 친구들은 K-pop에 쏙 빠져 있다.
My Mexican friends are crazy about K-pop.

Jeff는 Emily에게 쏙 빠져 있다. (아주 좋아한다.)
Jeff is crazy about Emily.

캐나다 사람들은 하키라면 사족을 못 쓴다.
Canadian people are crazy about hockey.

※ **참고** '미친'의 뜻으로 많이 쓰는 형용사 'insane'도 알아 두세요.
The gas price in Korea is now over $2 per liter. That's crazy/insane.
한국에 기름값이 지금 리터당 2,000원이 넘어. 미쳤다/넘 심하다.

Practice

1. 우리 아빠는 서부영화(western movies)에 미쳐 있었다.

2. 우리 아들은 10살 때 컴퓨터 게임에 미쳐 있었다.

3. 한국 사람들은 잘생긴 사람들(good-looking people)을 아주 좋아한다.

4. 너는 요새(these days) 뭐에 쏙 빠져 있니?

Answers

1. My dad was crazy about western movies.
2. My son was crazy about computer games when he was 10.
3. Korean people are crazy about good-looking people.
4. What are you crazy about these days?

✏️ Be used to (+ 명사/동명사): ~ 하는데 익숙하다/적응하다.

반드시 Be 동사와 같이 썼을 때 이 뜻이 나옵니다.
그리고 여기서 to는 전치사라서 그 뒤에 반드시 명사형을 써야 합니다.

Adam은 작년에 러시아로 이주했는데, 아직도 추운 날씨에 적응을 못 하고 있다.
Adam moved to Russia last year but he is still not used to the cold weather.

우리 선생님은 말을 아주 빨리하는데, 나는 이제 거기에 익숙해.
My teacher talks so fast but I am used to it now.

어떤 아이들은 젓가락을 쓰는 데 익숙하지 않다. (그래서, 젓가락을 잘 못 쓴다.)
Some kids are not used to using chopsticks. (So, they are not good at it.)

> ※ **참고** Be 동사 없이 used to(+ 동사)로 쓰면 '과거에 ~하곤 했다'의 뜻입니다. 과거에 하던 동작인데, 지금은 하지 않는다는 뜻을 내포하고 있습니다. 여기의 to는 to 부정사라서 그 뒤에 동사를 씁니다.
>
> That building *used to be* a movie theater.
> 저 빌딩은 영화관이었었다. (지금은 영화관이 아님)
>
> We *used to jog* in the morning.
> 우리는 아침에 조깅을 하곤 했다.
>
> 비교) We *are used to jogging* in the morning.
> 우리는 아침에 조깅하는 것에 익숙하다.

Practice

1. 그는 이제 영국식 발음에 익숙하다. (British accent)

2. 우리 아이들은 아침에 일찍 일어나는 것에 익숙하지 않다. (get up early)

3. 너는 혼자 사는 것에 익숙하니? (live alone)

4. 요즘 사람들은 손목시계를 차는 데 익숙하지 않다. (wear a wrist watch)

Answers

1. He is now used to the British accent.
2. My kids are not used to getting up early.
3. Are you used to living alone?
4. People these days are not used to wearing a wrist watch.

❷ 같은 전치사를 쓰는 형용사 표현 모음

같은 전치사를 쓰는 형용사 표현들을 정리해 보겠습니다.
정말 많이 쓰이고, 많이 듣게 되고, 또 쓰게 될 아주 중요한 구문들입니다.
전치사 뒤에는 반드시 명사형(명사, 대명사, 또는 동명사)을 써야 하므로,
동사가 올 경우에는 ing를 붙여 동명사로 만들어 준다는 것을 꼭 기억하세요.

(1) For

우리가 흔히 알고 있는 '~를 위하여'란 뜻 말고도 아래와 같은 뜻이 있습니다.

① ~를 대신하여

Can you say hello to your mom for me?
나 대신 네 엄마에게 안부 전해 줄래?

② ~ 동안

They lived in Korea for 2 years.
그들은 한국에 2년 동안 살았었다.

③ 받는 사람을 나타낼 때

This letter is for you.
이 편지는 너한테 온 거다.

④ ~에 대하여

My sister was mad at me for wearing her clothes.
언니는 내가 자기 옷을 입은 것에 대해 화가 났다.

⑤ ~에, ~에게

Plastic bags are not good for the environment.
비닐봉투는 환경에 좋지 않다.

✏️ Be late for: ~에 늦다.

면접에 늦지 말아라.
Don't be late for the interview.

오늘 학교에 늦었니?
Were you late for school today?

✏️ Be responsible for: ~에 책임이 있다.

너는 네 인생에 책임이 있다. → 네 인생은 네 책임이다.
You are responsible for your life.

그들은 그 손상에 책임이 없었다.
They were not responsible for the damage.

누가 이것에 책임이 있니?
Who is responsible for this?

✏️ Be famous for: ~로 유명하다.

이탈리아는 젤라또 아이스크림으로 유명하다.
Italy is famous for gelato.

저 회사는 노인을 채용하는 걸로 유명하다.
That company is famous for hiring old people.

캐나다는 뭘로 유명하니?
What is Canada famous for?

(2) To

to는 전치사로도 쓰이고 to 부정사로도 쓰이는데, 여기서 쓰이는 to는 모두 전치사이므로, to 다음에 명사나 대명사를 써야 합니다.

🖉 Kind to: ~에게 친절하다.

그들은 나에게 친절했다.
They were kind to me.

그는 너의 엄마에게 친절했니?
Was he kind to your mom?

🖉 nice to: ~에게 잘해 주다.

그 선생님은 모두에게 잘해 준다.
The teacher is nice to everyone.

그들은 너에게 잘해 주었니?
Were they nice to you?

🖉 mean to: ~에게 못되게 굴다.

네 여동생에게 못되게 굴지 마.
Don't be mean to your sister.

그는 너에게 못되게 굴었니?
Was he mean to you?

✏️ rude to: ~에게 무례하게 굴다.

교수님께 무례하지 마.
Don't be rude to the professor.

Don은 나에게 무례했다.
Don was rude to me.

✏️ polite to: ~에게 예의 바르게 굴다.

그는 우리 부모님께 예의 바르지 않았다.
He wasn't polite to my parents.

그에게 예의 바르게 해라.
Be polite to him.

✏️ similar to: ~와 비슷하다.

이 드레스는 그녀의 것과 비슷하다.
This dress is similar to hers.

이 가방은 내 것과 비슷하다.
This bag is similar to mine.

> ※ **참고** hers = her dress   mine = my bag.
> 영어에서는 한번 나온 말은 대명사로 받아 씁니다.

🖉 close to: ~에 가깝다/친하다/~할 뻔하다.

Tom의 집은 버스 정류장과 가깝다.
Tom's house is close to the bus stop.

너는 어렸을 때 형제들과 친했니?
Were you close to your siblings when you were young?

🖉 allergic to: ~에 알레르기가 있다.

우리 아들은 땅콩류에 알레르기가 있다.
My son is allergic to nuts.

그녀는 고양이한테 알레르기가 있니?
Is she allergic to cats?

🖉 important to: ~에게 중요하다.

그는 나에게 중요하다.
He is important to me.

영어는 왜 너한테 중요하니?
Why is English important to you?

🖉 used to: ~에 익숙하다.

나는 아침을 거르는 데 익숙하다.
I am used to skipping breakfast.

나는 블랙 커피에 익숙하지 않다.
I am not used to black coffee.

(3) Of

✏️ Short of: ~이 부족하다.

우리는 선수 한 명이 모자랐다.
We were short of one player.

그 병원은 간호사가 부족하다.
The hospital is short of nurses.

✏️ full of: ~로 가득 차 있다.

그 상자는 장난감으로 가득 차 있다.
The box is full of toys.

아이들은 에너지가 넘친다.
Kids are full of energy.

그는 자신감으로 가득 차 있었다.
He was full of confidence.

✏️ proud of: ~을 자랑스러워하다.

그는 자기 나라를 자랑스러워한다.
He is proud of his country.

너는 네 부모님이 자랑스럽니?
Are you proud of your parents?

나는 내 자신이 자랑스럽지 않았다.
I was not proud of myself.

✏️ ashamed of: ~을 수치스럽게 여기다 / 부끄럽게 생각하다.

나는 내 성적이 창피했다.
I was ashamed of my grades.

너의 과거를 부끄럽게 여기지 말아라.
Don't be ashamed of your past

너는 너의 가족을 부끄럽게 생각하니?
Are you ashamed of your family?

※ **참고** shy는 '부끄럼을 타다, 수줍어하다'라는 뜻입니다.

✏️ afraid of: ~을 두려워하다 / 무서워하다.

우리 엄마는 거미를 무서워하신다.
My mom is afraid of spiders.

너는 너의 아빠를 무서워했니?
Were you afraid of your father?

실수하는 걸 두려워하지 마.
Don't be afraid of making mistakes.

✏️ tired of: ~에 질리다 / 지겨워하다.

나는 야근하는 게 지겹다.
I am tired of working late.

그들은 아침으로 시리얼 먹는 데 질렸다.
They are tired of eating cereal for breakfast.

매일 술 마시는 게 지겹지 않니?
Aren't you tired of drinking every day?

(4) From

 different from: ~와 다르다. (From 대신에 than을 쓰기도 합니다.)

왜 이것은 저것과 다른가요?
Why is this different from that?

너는 그와 다르지 않다.
You are not different from him.

 far from: ~에서 멀다.

내 직장은 집에서 멀지 않다.
My work is not far from my house.

지하철역이 여기서 먼가요?
Is the subway station far from here?

경기는 끝나려면 멀었다. → 승부 결과를 알 수 없다.
The game is far from over.

 Tired from: ~를 많이 해서 피곤하다/지치다.

Ashley는 많이 걸어서 피곤했다.
Ashley was tired from walking.

밤새 공부해서 지치지 않니?
Aren't you tired from studying all night?

(5) ~ing

🖉 be up late ~ing: ~하면서 늦게까지 깨어 있다.

여자애들은 여행계획을 짜느라 늦게까지 깨어 있었다.
The girls were up late planning their trip together.

시험 준비하느라 늦게까지 깨어 있었니?
Were you up late preparing for the exam?

🖉 be used to ~ing: ~하는 데 익숙하다.

우리 할머니는 컴퓨터 쓰는 데 익숙지 않다.
My grandma is not used to using the computer.

엄마들은 남은 음식 먹는 데 익숙하다.
Moms are used to eating left-overs.

🖉 be busy ~ing: ~하느라 바쁘다.

선생님들은 수업 계획을 짜느라 바빴다.
The teachers were busy making lesson plans.

그녀는 통화하느라 바빴다.
She was busy talking on the phone.

✏️ be careful ~ing: ~하는 데 조심하다.

길 건널 때 조심해라.
Be careful crossing the street.

그들은 뜨거운 냄비를 다루면서 조심했다.
They were careful handling the hot pot.

✏️ Thanks for ~ing: ~에 대해 감사하다.

이해해 주셔서 감사해요.
Thanks for understanding.

알려 줘서 고마워요.
Thanks for letting me know.

나한테 잘해 줘서 고마워요.
Thanks for being nice to me.

※ **참고** '나한테 잘해 주다'는 be nice to me입니다. 그런데, for는 전치사이므로 뒤에 명사를 써야 하기에 be에 'ing'를 붙여서 명사형 being으로 만들어 줍니다.

Practice

1. 그들이 그 손상(damage)에 책임이 있다.

2. 나는 시험시간에 시간이 부족했다.

3. 그는 나에게 못되게 굴었다.

4. 선수들(athletes)은 자신감으로 가득했다.

5. 너는 그와 친하니?

6. 저녁 식사에 늦지 말아라.

7. 그 규칙들은 작년과는 다르다.

8. 그는 우리 엄마에게 무례했다.

9. 우리 아이들은 지금 숙제하느라고 바쁘다.

10. 와 주셔서 감사합니다.

11. 어떤 사람들은 땅콩에 알레르기가 있다.

12. 너는 내가 지겹니?

13. 그는 아침에 일찍 일어나는(get up) 데 익숙하다.

14. 나는 큰 개들이 무섭다.

15. 많은 초등학교는 남자선생님이 부족하다.

16. 독일은 맥주로 유명하다.

17. 너의 똑같은 변명(excuse)에 질렸다.

18. 싸이의 새 노래는 강남스타일과 비슷하다.

19. 우리는 영화 보느라고 늦게까지 깨어 있었다.

20. 전화해 줘서 고마워.

21. 그는 왜 너에게 잘해 주었니?

22. 우리 부모님은 나를 자랑스러워하신다.

23. 그는 가족들과 멀리 떨어져 있다.

24. 왜 내가 이것에 책임이 있나요?

25. 크리스마스는 선물로 가득하다.

26. 나는 아무것에도 알레르기가 없다.

27. 아이들은 스키 탈 때 넘어지는 걸 두려워하지 않는다.

28. 이 칼을 쓰면서 조심해라.

29. 나는 오랫동안(for a long time) 서 있어서 피곤했다.

30. 왜 그가 너에게 중요하니?

Answers

1. They are responsible for the damage.
2. I was short of time in the exam.
3. He was mean to me.
4. The athletes were full of confidence.
5. Are you close to him?
6. Don't be late for dinner.
7. The rules are different from last year.
8. He was rude to my mom.
9. My kids are busy doing their homework.
10. Thank you for coming.
11. Some people are allergic to nuts.
12. Are you tired of me?
13. He is used to getting up early in the morning.
14. I am afraid of big dogs.
15. A lot of elementary schools are short of male teachers.
16. Germany is famous for beer.
17. I am tired of your same excuses.
18. Psy's new song is similar to Gangnam Style.
19. We were up late watching a movie.
20. Thanks for calling.
21. Why was he nice to you?
22. My parents are proud of me.
23. He is far from his family.
24. Why am I responsible for this?
25. Christmas is full of presents.
26. I am not allergic to anything.
27. Kids are not afraid of falling down when skiing.
28. Be careful using this knife.
29. I was tired from standing for a long time.
30. Why is he important to you?

There 구문

무언가가 어디에 있거나, 없거나, 또는 많이 있을 때, There를 바지 사장으로 문장 맨 앞에 잡아 주고 그 뒤에 Be 동사를 연결하여 문장을 만드는 There 구문을 알아보겠습니다.

주어가 무엇을 가지고 있다 할 때는 소유의 뜻을 가진 'have'라는 동사를 쓸 수 있지만, 소유의 주체가 없거나 불분명하고, 그저 어딘가에 무언가가 있다는 존재만을 나타낼 때 There 구문을 씁니다. 어떤 것이 '없다'를 말할 때는 명사 앞에 no를 쓰거나 not any를 씁니다. '많다'는 many (수), much(양) 또는 a lot of나 lots of로 표현합니다.

예를 들어, '우리 집에 방이 세 개 있다'를 말하고 싶을 때, 'We have 3 rooms in our house.' 할 수 있습니다. 우리가 소유하고 있기에 have를 써서 표현합니다. 그러나, 부동산 중개업자가 집을 소개하면서 '이 집에는 방이 세 개입니다'를 말하고자 한다면 자기 소유가 아니기 때문에, 'I have…'라고 할 수가 없습니다. 중개업자는 단순히 이 집에 방이 세 개 있다는 사실만 말해야 합니다. 따라서, 'There are 3 rooms in this house.'라고 말합니다.

✏️ There 구문의 특징:

1. 대부분의 경우, 문장 끝에 장소를 나타내는 표현이 나옵니다.
   (상황상 명백할 경우는 생략합니다)

2. There는 가짜 주어이고, 진짜 주어는 Be 동사 뒤에 나오는 명사입니다.

3. 진짜 주어인 그 명사에 따라 동사의 수와 시제가 결정됩니다.

예문을 보겠습니다. (동사의 수와 시제에 주목하여 보세요.)

There *is* a cat in front of my house.
고양이가 내 집 앞에 있다. - 현재 단수

There *are* many coffee shops in Seoul.
서울에는 커피숍이 많이 있다. - 현재 복수

There *was* a car accident on the highway.
고속도로에 차 사고가 있었다. - 과거 단수

There *were* a lot of people at the party.
파티에 사람들이 많았다. - 과거 복수

There *are* not many payphones anymore.
이제는 공중전화가 많지 않다. - 현재 부정

There *was* not enough time.
충분한 시간이 없었다. - 과거 부정

Is there a parcel for me?
저한테 온 소포가 있나요? - 현재 의문문

Were there many passengers on the plane?
비행기에 승객이 많았나요? - 과거 의문문

Practice

1. 그의 방에 책이 많이 있다.

2. 벽에 지도가 있다.

3. 교실에 10명의 학생들이 있었다.

4. 거리에 아무도 없었다.

5. 그의 이마에 주름살(lines)이 많다.

6. 식탁 위에 아무것도 없었다.

7. 공원에 아이들이 많이 있었다.

8. 길모퉁이에 새 컴퓨터 가게가 있다.

9. 내 인생에 이혼(divorce)은 없다.

10. 규칙에 관한 언쟁(argument)이 있었다.

11. 예외(exception)는 없다.

12. 모든 규칙에는 예외가 있다.

13. 대답이 없었다.

14. A와 B 사이에 큰 차이(difference)가 없다.

15. 뜻이 있는 곳에 길이 있다.

16. 식당 앞에 기다리는 줄(line-up)이 엄청 길었다.

17. 냉장고(fridge)에 계란이 하나도 없다.

18. 집만 한 곳은 없다.

19. 이 근처에 화장실이 있나요?

20. 문제가 있었나요?

21. 수업에 몇 명의 학생이 있었나요?

22. 일 년에 며칠이 있나요?

23. 주전자에 물이 얼마나 있나요?

24. 파티에 얼마큼의 음식이 있었나요?

25. 할 일은 많고 시간은 충분하지 않다.

26. 이 근처에 한국 식당이 있나요?

27. 그 방침(policy)에 대해 불평(complaints)이 많다.

28. 다른 방법(way)이 없었다.

29. 어제 밤에 그 건물에 화재(fire)가 났다.

30. 요새 Netflix에 좋은 영화 있니?

Answers

1. There are a lot of books in his room.
2. There is a map on the wall.
3. There were 10 students in the class.

4. There was nobody on the street.

5. There are many lines on his forehead.

6. There was nothing on the (dining) table.

7. There are a lot of kids in the park.

8. There is a new computer store around the corner.

9. There is no divorce in my life.

10. There was an argument about the rule.

11. There is no exception. (또는, There are no exceptions.)

12. There is an exception in every rule.

13. There was no answer.

14. There is no big difference between A and B.

15. Where there is a will, there is a way.

16. There was a long line-up.

17. There is no egg in the fridge.

18. There is no place like home.

19. Is there a washroom around here?

20. Was there a problem?

21. How many students were there in the class?

22. How many days are there in a year?

23. How much water is there in the kettle?

24. How much food was there at the party?

25. There is a lot of work and not enough time.

26. Is there a Korean restaurant around here?

27. There are many complaints about the policy.

28. There was no other way.

29. There was a fire in that building last night.

30. Are there any good movies on Netflix these days?

There 구문에서 자주 쓰이는 몇가지 표현들을 소개합니다.
'There is'를 생략하고 말하는 경우도 많습니다.

✏️ There is no need to 동사: ~할 필요가 없다.

사과할 필요가 없다.
(There is) no need to apologize.

예약할 필요가 없었다.
There was no need to make an appointment.

✏️ There is no reason to 동사: ~할 이유가 없다.

울 이유가 없다.
(There is) no reason to cry.

불평할 이유가 없었다.
There was no reason to complain.

> ※ 참고 ~ 안 할 이유가 없다. → no reason not to 동사 (not을 to 부정사 앞에 씀.)
> There was no reason not to go to school. 학교에 안 갈 이유가 없었다.
> There is no reason not to be happy. 행복하지 않을 이유가 없다.

✏️ There is no way to 동사: ~할 길이/방법이 없다.

그의 마음을 바꿀 방법이 없다.
There is no way to change his mind.

거기에 제시간에 도착할 수가 없었다.
There was no way to get there on time.

> **There is not enough 명사: ~ 충분한 (명사)가 없다.**

숙제를 끝낼 충분한 시간이 없다.
There is not enough time to finish my homework.

새 다리를 지을 충분한 돈이 없었다.
There was not enough money to build a new bridge.

Practice

1. 설명(explain)할 필요가 없다.

2. 그 경기를 연기(postpone)할 이유가 없었다.

3. 책상 하나를 더 넣을 충분한 공간(room)이 없다.

4. 그를 이길(beat) 방법이 없다.

5. 충분한 증거/근거(evidence)가 없다.

6. 언급(mention)할 필요가 없었다.

7. 거기에 시간 맞춰 갈 방법이 있을까?

8. 투표(vote)하지 않을 이유가 없다.

Answers

1. There is no need to explain.
2. There was no reason to postpone the game.
3. There is not enough room for another desk.

4. There is no way to beat him.
   (상대를 이기는 건 beat, 경기를 이기는 건 win)
5. There is not enough evidence.
6. There was no need to mention.
7. Is there any way to get there on time?
8. There is no reason not to vote.

🖉 Something/Anything/Nothing

보통 명사가 형용사의 수식을 받을 때, 형용사는 명사의 앞에 옵니다.
그러나 이 세 단어들은 수식해 주는 형용사들이 뒤에 옵니다.
To 부정사로 꾸며 줄 때도 이 단어들 다음에 넣어 줍니다.

긍정문에 Something, 부정문이나 의문문에 anything,
nothing은 '아무것도 아닌'입니다.

| something cold | something new | something easy | something to wear |
| 차가운 것 | 새로운 것 | 쉬운 것 | 입을 것 |

| anything cheap | anything blue | anything quick | anything to say |
| 싼 것 | 파란색인 것 | 빠른 것 | 할 말 |

| nothing important | nothing different | nothing serious |
| 중요하지 않은 것 | 다르지 않은 것 | 심각하지 않은 것 |

> ※ 참고 Somebody, anybody, nobody나 somewhere, anywhere, nowhere도 형용사가 뒤에 옵니다.

나 매운 것 먹고 싶어.
I want to eat something spicy.

뭐 시원한 것 드릴까요?
Would you like something cold?

언제나 배울 것이 있다.
There is always something to learn.

신부는 파란색인 것을 찾을 수가 없었다.
(신부가 결혼식 때 갖고 있어야 하는 것 중 하나)
The bride couldn't find anything blue.

그들은 빨리 되는 거 (아무거나) 달라고 했다.
They asked for anything quick.

할 말이 있나요?
Do you have anything to say?

이건 사적인 게 아니다.
It is nothing personal.

숨길 게 없다.
There is nothing to hide.

Something, anything, nothing 뒤에 형용사와 to 부정사 둘 다 쓸 수도 있습니다.

I needed something *cold to drink* after the game.
경기 후에 시원한 마실 것이 필요했다.

They had nothing *important to do.*
그들은 중요한, 할 일이 없었다.

Is there anything *serious to worry* about?
걱정해야 할 심각한 점이 있나요? (의사와 상담 시)

다시 There 구문으로 돌아가 보면, something, anything, nothing이 위에서 연습한 것처럼 형용사(to 부정사 포함)와 함께 There 구문에서 많이 사용됩니다.
그중에서 특히나 wrong이라는 형용사를 with와 연결하여, 무언가 잘못된 게 있다, 이상하다, 또는 문제가 있다는 표현으로 많이 씁니다.

내 컴퓨터에 잘못된 무언가가 있다/좀 이상하다.
There is something wrong with my computer.
('Something is wrong with my computer.' 할 수도 있습니다.)

그 계획에는 아무 잘못된 게/문제가 없다.
There is nothing wrong with the plan.
('Nothing is wrong with the plan.' 할 수도 있습니다.)

독신이라는 게 뭐 잘못된 것 있나요?
Is there anything wrong with being single?

혼자 술 먹는 게 뭐가 문제야/뭐 잘못된 거 있어?
What is wrong with drinking alone?

※ **참고** 의문문으로 'What is wrong with 명사(형)?'도 많이 쓰입니다.
What is wrong with you? 너 뭐가 문제야? (너 왜 그래?)

Practice

1. 내 휴대폰이 뭔가 잘못됐다/이상하다.

2. 네 가방 안에 중요한 게 있었니?

3. 잃을 것이 없다. (밑져야 본전이다.)

4. 냉장고에 마실 것이 있나요?

5. 두려워할 것이 없다.

6. 뭐 가볍게 먹을 것 있니?

7. 그에게 뭔가 특별한 것이 있다.

8. 키 작은 게 뭐 잘못된 거 있어?

9. 그 계약서에 뭐 불공평한 것 있어?

10. TV에 뭐 재미있는 거 볼 거 있어?

11. 입을 (만한) 예쁜 게 없다.

12. 논의해야 할 중요한 게 있다.

13. 채식주의자라는 데 잘못된 게 없다.

14. 그의 인생에 불가능한 것은 없었다.

15. 기억해야 할 것들이 많다.

16. 이 문이 왜이래? (잘 안 열리거나 할 때)

Answers

1. There is something wrong with my cell phone.
2. Was there anything important in your bag?
3. (There is) nothing to lose.
4. Is there anything to drink in the fridge?
5. There is nothing to be afraid of.
6. Is there something light to eat?
7. There is something special about him.
8. Is there anything wrong with being small?
9. Is there anything unfair in the contract?
10. Is there anything fun to watch on TV?
11. There is nothing pretty to wear.

12. There is something important to discuss.
13. There is nothing wrong with being a vegetarian.
14. There was nothing impossible in his life.
15. There are lots of things to remember.
16. What is wrong with this door?

✏️ There 구문 종합 연습

1. 서울에는 백화점이 몇 개인가요?

2. 기회(opportunity)가 많았다.

3. 눈에 발자국(footprint)이 많다.

4. 문 앞에 낯선 사람(stranger)이 있다.

5. 모두가 먹기에 충분한 간식(snack)이 있었다.

6. 서랍(drawer)에 깨끗한 양말이 있니?

7. 옷장(closet)에 옷걸이(hanger)가 충분하지 않다.

8. 어제 집에 누가 있었니?

9. 개수대(sink)에 더러운 접시(dish)와 냄비(pot)가 많이 있다.

10. 내 편이 아무도 없었다.

11. 폭풍우(rainstorm) 후에 무지개가 떴다.

12. 서울에는 교회가 많이 있다.

13. 열쇠 없이 이 문을 열 방법이 없다.

14. 왜 밖에 많은 군중(crowd)이 있는 거니?

15. 어젯밤에 멋있는 불꽃놀이(firework)가 있었다.

16. 저 공장에는 약 1,000명의 직원이 있다.

17. 지난주에 TV에 좋은 프로그램이 많았다.

18. 어젯밤에 인천에 정전(blackout)이 있었다.

19. 이 근처에 버스 정류장(bus stop)이 있나요?

20. 어젯밤에 밖에 소음(noise)이 많았다.

21. 우리 집 근처에는 우체국(post office)이 없다.

22. 저 가게에 세일 중인 물품이 많은가요?

23. 제주도에는 중국인 관광객(tourist)이 많다.

24. 뉴욕에는 노숙자(homeless)들이 많니?

25. 답장할(reply) 필요는 없습니다.

26. 소리 지를(scream) 이유가 없다.

27. 크리스마스까지 3주 남았다.

28. 고속도로(highway)에 교통체증(traffic jam)이 심했다.

29. 네 뒤에(behind) 누가 있었니? 내 뒤에 아무도 없었어.

30. 나무 위에 새가 많이 있었다.

31. 시간이 없다. 시간이 충분하지 않다.

32. 도시에 주차장이 충분하지 않다.

33. 또 다른 게 있나요?

34. 인생에 정답(right answer)은 없다.

35. 그 계획에는 문제가 많았다.

36. 과거(in the past)에 이 비슷한 게 있었다.

37. 인터넷에는 잘못된 정보(false information)가 많이 있다.

38. 내 식습관(diet)에 뭐 잘못된 게 있나요?

39. 이 컴퓨터 왜 이러니? (뭐가 잘못된 거니?)

40. 그 제안(offer)을 받아들이지(accept) 않을 이유가 없었다.

> **Answers**

1. How many department stores are there in Seoul?
2. There were many opportunities.
3. There are many footprints on the snow.
4. There is a stranger at the door.
5. There were enough snacks for everyone.
6. Are there clean socks in the drawer?
7. There are not enough hangers in the closet.
8. Was there anyone (at) home yesterday?
9. There are many dirty dishes and pots in the sink.
10. There was nobody on my side.
11. There was a rainbow after the rainstorm.
12. There are many churches in Seoul.
13. There is no way to open this door without the key.
14. Why is there a large crowd outside?
15. There were great fireworks last night.
16. There are about 1000 employees in that factory.
17. There were lots of good programs on TV last week.
18. There was a blackout in Incheon last night.
19. Is there a bus stop around here?
20. There was a lot of noise outside last night.
21. There is no post office near my house.
22. Are there a lot of things on sale in that store?
23. There are many Chinese tourists in Cheju island.
24. Are there a lot of homeless people in New York?
25. There is no need to reply.
26. There is no reason to scream.
27. There are 3 weeks (left) until Christmas.
    (또는, Christmas is 3 weeks away.)
28. There was a big traffic jam on the highway.
29. Was there anyone behind you? There was no one behind me.

30. There were a lot of birds on the tree.
31. There is no time. There is not enough time.
32. There are not enough parking lots in the city.
33. Is there anything else?
34. There is no right answer in life.
35. There were lots of problems in that plan.
36. There was something similar in the past.
37. There is a lot of false information on the internet.
38. Is there anything wrong with my diet?
39. What is wrong with this computer?
40. There was no reason not to accept the offer.

비교급

'A가 B보다 더 ~하다.'를 나타내는 비교급은 형용사에 '~er'이나 'more ~'를 붙여서 만듭니다.
2음절 이하의 단어는 '~er', 3음절 이상인 단어는 'more ~'를 붙입니다.
'~y'로 끝나는 말은 'ier'로 바꾸어 주고, 'e'로 끝나는 말은 'r'만 붙입니다.

rich → richer	cheap → cheaper	soft → softer
dark → darker	happy → happier	easy → easier
healthy → healthier	heavy → heavier	nice → nicer
wide → wider	wise → wiser	safe → safer

※ 참고 2음절이지만 more를 쓰는 형용사로 famous, useful, active, handsome 등이 있고, 서술형 형용사 afraid, aware, fond 등은 more를 씁니다.

많이 쓰이는 형용사들의 비교급입니다.

tall taller	smart smarter	hard harder	quiet quieter
fast faster	slow slower	loud louder	high higher
low lower	young younger	old older	weak weaker
warm warmer	strong stronger	close closer	short shorter
light lighter	cold colder	big bigger	small smaller
large larger	tight tighter	kind kinder	simple simpler
thin thinner	thick thicker	clean cleaner	smooth smoother
bright brighter	cute cuter	new newer	hot hotter
early earlier	busy busier	simple simpler	narrow narrower
lucky luckier	heavy heavier	healthy healthier	rich richer

more를 쓰는 형용사들입니다.

expensive	more expensive	comfortable	more comfortable
famous	more famous	patient	more patient
difficult	more difficult	beautiful	more beautiful
important	more important	dangerous	more dangerous
careful	more careful	confident	more confident

> ※ **참고** good 과 bad는 그들만의 비교급이 있습니다.
>   good → **better**   bad → **worse**
> 그리고 우등한(superior), 열등한(inferior)은 철자에 주의하세요. (~or로 끝납니다.)

A와 B를 비교할 때, 그 비교의 대상은 'than'으로 나타냅니다.
주어의 상태를 과거와 현재로 비교할 경우(주어가 전보다 ~하다)나, 비교의 대상이 명백한 경우에는 than을 생략하기도 합니다.

우리 아들은 이제 나보다 크다.
My son is taller than me now.

이 빨간 게 파란 것보다 싼가요?
Is the red one cheaper than the blue one?

우리 부모님은 (전보다) 건강하시다.
My parents are healthier (than before).

오늘 (어제보다) 더 춥다.
It is colder today (than yesterday).

그의 집은 내 집보다 비싸다.
His house is more expensive than mine.

이쪽으로 가는 게 더 가까워요.
It is closer this way (than that way).

너희 반에서 Anna보다 똑똑한 사람 있니?
Is there anyone smarter than Anna in your class?

※ **참고** '~보다 훨씬 ~하다' 할 때는 much나 a lot을 추가로 넣습니다.

You are *much* better than me at English.
네가 나보다 훨씬 영어를 잘한다.

German is *a lot* more difficult to learn than French.
독일어가 불어보다 배우기가 훨씬 어렵다.

※ **참고** 다음 두 문장의 차이를 보겠습니다.

1. Luke loves her more than me.
   Luke는 나보다 그녀를 더 사랑한다.
   (Luke loves her. > Luke loves me.)

2. Luke loves her more than I do.
   Luke는 내가 그녀를 사랑하는 것보다 더 사랑한다.
   (Luke loves her. > I love her.)

Practice

1. 기차가 버스보다 빠르다.

2. 내 방이 그녀의 방보다 더럽다.

3. 그들이 너보다 똑똑하니?

4. 그녀가 너보다 어리니?

5. 내 머리가 그녀의 머리보다 짧다.

6. 조금 더 조용히 해 주실래요?

7. 이게 더 쓸모 있다. (useful)

8. 서울이 토론토보다 큰가요?

9. 저 식당은 주말에 더 바쁘다.

10. 시험이 지난번보다 어려웠니?

11. 이번 겨울이 작년보다 훨씬 더 따뜻하다.

12. 나는 지금 더 두렵다.

13. 내 동생은 엄마보다 더 고집이 세다. (stubborn)

14. 상황(things)이 전보다 훨씬 나쁘다.

15. 요거트는 아이스크림보다 건강에 좋니?

16. 이렇게 하면 더 쉬운가요?

17. 친구 사이에 돈보다 우정이 더 중요하다.

18. 그는 더 독립적이다. (independent)

19. 한국 인터넷이 캐나다 인터넷보다 훨씬 빠르다.

20. 건강보다 중요한 게 뭐니?

21. 사람들은 아침에 더 가볍다.

22. 가족보다 중요한 건 없다.

Answers

1. The train is faster than the bus.
2. My room is dirtier than hers.
3. Are they smarter than you?
4. Is she younger than you?
5. My hair is shorter than hers.
6. Could you be quieter, please?
7. This one is more useful.
8. Is Seoul bigger than Toronto?
9. That restaurant is busier on the weekend.
10. Was the test more difficult than the last time?
11. This winter is much/a lot warmer than last year.
12. I am more afraid now (than before).
13. My little brother is more stubborn than my mom.
14. Things are much worse than before.
15. Is yogurt healthier than ice cream?
16. Is it easier this way?
17. Friendship is more important than money between friends.
18. He is more independent.
19. The Internet in Korea is much faster than in Canada.
20. What is more important than health?
21. People are lighter in the morning. (than at night)
22. Nothing is more important than family.

최상급

'제일, 가장, 최고의'란 뜻을 전달하는 최상급은 'the'를 붙입니다.
(그러나, 소유격이 오면 the를 쓰지 않습니다.)

2음절 이하의 단어에는 '~est'를, 3음절 이상의 단어에는 'most를' 붙입니다.
'~y'로 끝나는 말은 'iest'로 바꾸어 주고, 'e'로 끝나는 말은 'st'만 붙입니다.

> ※ 참고 good의 최상급은 best,
>   bad의 최상급은 worst입니다.

많이 쓰이는 2음절 형용사들의 최상급입니다.

tall tallest	smart smartest	hard hardest	new newest
fast fastest	slow slowest	loud loudest	high highest
low lowest	young youngest	old oldest	weak weakest
warm warmest	strong strongest	close closest	short shortest
light lightest	cold coldest	big biggest	small smallest
large largest	lucky luckiest	kind kindest	early earliest
bright brightest	hot hottest	cute cutest	busy busiest

많이 쓰이는 3음절 이상 형용사들의 최상급입니다.

expensive	most expensive	comfortable	most comfortable
famous	most famous	patient	most patient
difficult	most difficult	beautiful	most beautiful
important	most important	dangerous	most dangerous
careful	most careful	confident	most confident

Alex가 최고다.
Alex is the best.

그는 가장 똑똑하고, 가장 친절하고, 가장 자신감 있는 사람이다.
He is the smartest, kindest, and most confident person.

저게 이 지역에서 가장 비싼 집이다.
That is the most expensive house in this area.

내가 제일 귀여운 아기였나요?
Was I the cutest baby?

그의 부모님은 제일 착하신 분들이다.
His folks are the nicest people.

회사에서 제일 바쁜 시간이 언제니?
When is the busiest time of the day at work?

네가 집에서 막내니?
Are you the youngest in your family?

내가 세상에서 제일 운 좋은 사람이다.
I am the luckiest person in the world.

그는 가장 참을성 있는 사람은 아니다.
He is not the most patient person. (=He is not very patient.)

그건 최선의 선택은 아니었다.
That was not the best choice.

Practice

1. 이게 최신(latest) 모델이야.

2. 내가 우리 가족 중에 제일 키가 작다.

3. 누가 한국에서 제일 유명한 배우니?

4. 오늘이 올해 제일 추운 날이다.

5. Tim이 우리 반에서 제일 키가 크다.

6. 세계에서 제일 높은 산이 뭐니?

7. 뭐가 제일 큰 문제니?

8. 여기서 제일 가까운 은행이 어디에요?

9. 누가 너에게 가장 중요한 사람이니?

10. 이게 이 호텔에서 제일 인기 좋은 방이에요.

11. 언제가 네 인생에 제일 행복한 순간이었니?

12. 이게 제일 싼 전화인가요?

13. 이게 제일 편한 신발이다.

14. Kevin이 내 친구 중에 제일 웃긴 사람이다.

15. Sophie가 옷을 제일 잘 입는 사람이다.

16. 나는 최고는 아니지만 최악도 아니다.

17. 인생에서 제일 중요한 게 뭐니?

18. Michael Jordan은 최고의 농구선수였다.

Answers

1. This is the newest model.
2. I am the shortest (person) in our family.
3. Who is the most famous actor in Korea?
4. Today is the coldest day of the year.
5. Tim is the tallest person in our class.
6. What is the highest mountain in the world?
7. What is the biggest problem?
8. Where is the closest bank near/around here?
9. Who is the most important person to you?
10. This is the most popular room in this hotel.
11. When was the happiest moment in your life?
12. Is this the cheapest phone?
13. These are the most comfortable shoes.
14. Kevin is the funniest one among my friends.
15. Sophie is the best dresser.
16. I am not the best but not the worst either.
17. What is the most important thing in life?
18. Michael Jordan was the best basketball player.

종합 연습

지금까지 다룬 모든 것들을 총 정리한 연습 문제를 해 보겠습니다.
처음에 책을 구입하셨을 때, 이런 문장들을 어떻게 만들지? 하고 겁을 먹었다면, 지금은 별로 어렵지 않게 느껴지시길 바랍니다.

말이 바로 나오지 않는 문장들은 표시하였다가 다시 한번 해 보기를 추천합니다.
또한 여기에 있는 문장들을 응용하여 시제와 문장 형태들을 바꿔 가며
(현재형 → 과거형, 평서문 → 의문문, 긍정문 → 부정문) 더 연습하시기 바랍니다.
예를 들어, '나는 외롭다'가 있으면, 나는 외로웠다. 나는 외롭지 않았다. 너는 외로웠니? 너는 왜 외로웠니? 외로워하지 마… 등으로 응용해 보시기 바랍니다.

Practice

1. 내 마음(mind)이 무겁다.

2. 그녀의 얼굴이 창백했다. (pale)

3. 햇볕에서는 따뜻한데 그늘에선 춥다.

4. 그 방은 텅 비어 있었다.

5. 과속(speeding)은 위험하다.

6. 빨강은 내가 제일 좋아하는 색이다.

7. 여기서 얼마나 먼가요?

8. 네 말이 늘 맞는 건 아냐.

9. 네 남자친구는 너에게 잘해 주니?

10. 그들의 서비스는 꽤 빠르다.

11. 이 바지는 너무 헐렁(loose)하다.

12. 이 목도리(scarf)는 참 부드럽다.

13. 이 꽃들은 가짜니?

14. 이 요리법(recipe)은 간단하지 않다.

15. 그냥 궁금해서.

16. 너의 선생님은 엄격하셨니?

17. 내가 어렸을 때 우리 아빠 손은 늘 따뜻했다.

18. 내 동생은 고집이 세다(stubborn).

19. 그들은 왜 인기가 많았니?

20. 그 학교는 지하철역에서 멀다.

21. 그 식당은 사람들로 가득했다.

22. 그는 너에게 왜 화가 났니?

23. 그들은 시작할 준비가 되어 있니?

24. 그는 떨리지 않았다.

25. 한국식당에 음식이 어땠니?

26. 너의 아들은 수학(Math)을 잘하니?

27. 그가 어렸을 때 그의 부모님은 바쁘셨다.

28. 그들은 왜 오늘 학교에 늦었니?

29. 그의 방은 늘 지저분하다. (messy)

30. 너는 어렸을 때 형제들(siblings)과 친했니?

31. 나는 그의 선택(choice)이 맘에 들지 않았다.

32. 나는 어제 아팠는데, 오늘은 좀 낫다.

33. 상황이 작년과는 다르다.

34. 돈이 인생에서 중요하니?

35. 선생님께 무례하지 굴지 마라.

36. 나의 가족은 나에게 중요하다.

37. 우리는 선수들이 부족했다.

38. 우리는 아직 부모가 될 준비가 되어 있지 않다.

39. 바깥이 어둡니?

40. 넌 더 이상 외롭지 않다.

41. 그녀는 아빠와 별로 친하지 않다.

42. 너의 할아버지는 건강하시니?

43. 너무 심각하지 마라.

44. 그녀는 질투심이 참 많다.

45. 나는 화났던 게 아니고 그저 슬펐다.

46. 그 학교는 선생님이 부족하다.

47. 너는 그 선생님이 아직도 무섭니?

48. 저 가게에는 모든 것이 비싸다.

49. 그는 그의 성적(grades)이 자랑스럽지 않다.

50. 그는 왜 너에게 못되게 굴었니?

51. 우리 딸은 낯선 사람(strangers)을 무서워한다.

52. 내 상사는 내 선물을 맘에 들어 했다.

53. 마더 테레사의 삶은 사랑으로 가득했다.

54. 그녀의 결혼반지는 내 반지와 비슷하다.

55. 나는 현금이 다 떨어졌다.

56. 그는 그의 영어에 자신이 없다.

57. 아시아인들은 유럽인들과 다르다.

58. 왜 영어가 너한테 중요하니?

59. 아무도 완벽하지 않다.

60. 그녀는 모두와 친하다.

61. 일본은 스시로 유명하다.

62. Tiger Woods는 뭐로 유명하니?

63. 그는 왜 기분이 안 좋니?

64. 내 딸은 만화영화(animation)에 쏙 빠져 있다.

65. 내 여권은 5년 동안 유효하다.

66. 내 남편이 설거지 담당이다. (책임진다.)

67. 전주는 비빔밥으로 유명하다.

68. 여자는 남자들과 다르다.

69. 그 선생님은 25명의 학생들을 책임지고 있다.

70. 자기 인생은 자기 책임이야.

71. 대화(communication)는 결혼생활에서 아주 중요하다.

72. 인생은 그렇게 간단하지 않다.

73. 나는 영어 수업이 맘에 든다.

74. 그는 항상 맥주 마실 준비가 되어 있다. (맥주 마시는 걸 좋아한다.)

75. 그녀는 혼자 있는 것이 두려웠다.

76. 우리는 외식(eat out)하는 게 지겨웠다.

77. 모든 것이 다르다. 아무것도 똑같지 않다.

78. 난 아무것도 두렵지 않았다.

79. 우리 엄마는 집을 청소하느라 바빴다.

80. 모든 것이 작년보다 비싸다.

81. 그 영화는 내 기대(expectation)와는 거리가 멀었다.

82. 미국 사람들은 변화를 두려워한다.

83. 어떤 사람들은 초콜릿에 알레르기가 있다.

84. 자만하지 마.

85. 머핀은 설탕과 버터투성이다.

86. 아무것도 불가능하지 않다.

87. 그녀는 그의 변명에 질렸고, 그를 떠날 준비가 되었다.

88. 실수하는 걸 두려워하지 마.

89. 너 비밀 잘 지키니? (keep a secret)

90. 넌 혼자가 아니다.

91. 그는 어제 회사에 늦었다.

92. 비닐 봉투(plastic bags)는 환경에 좋지 않다.

93. 그는 그녀를 잃을까 봐 두려웠다.

94. 그는 고등학교 때 뭘 잘했니?

95. 너의 일(job)에 만족하니?

96. 그것은 사실과 거리가 멀다.

97. 너 혼자 있었을 때 외로웠니?

98. 내 말이 맞니? 네 말이 맞았다.

99. 이게 가장 최신 버전(version)이다.

100. 그녀는 직업(occupation)이 뭐니?

101. 그는 잘생긴 것과는 거리가 멀다.

102. 우리 거의 다 왔어.

103. 우리 엄마는 혼자 택시 타는 (take a taxi) 걸 두려워한다.

104. 집에 먹을 것이 없었다.

105. 이것보다 싼 게 있나요?

106. 감기에는 뭐가 좋니?

107. 솔직해서 고마워.

108. 나는 언제나 네 편이다.

109. 이 식기세척기(dishwasher) 뭐 잘못된 거 있니?

110. 그는 고등학교 때 불어를 잘했다.

111. 우리 반에 25명이 있고, 몇 명은 나보다 영어를 잘한다.

112. 오메가 3는 뭐에 좋니?

113. CN Tower는 얼마나 높니?

114. 오늘은 도시락 쌀(pack lunch) 필요가 없었다.

115. 그의 아내는 그보다 한참 어리다.

116. 그녀는 치마 입는 것에 익숙하지 않다.

117. 그들은 파티 준비하느라 바빴다.

118. 그의 컴퓨터에는 야동(dirty movies)이 엄청 많다.

119. 결혼식에 몇 명이나 왔니? 200명 가까이.

120. 몇 명이 대기자 명단에 있나요?

121. 출근하는 길에 차가 많이 막혔다.

122. 잃을 것이 없다. (밑져야 본전)

123. 서울에는 산이 몇 개 있니?

124. 그는 무엇을 두려워하니?

125. 아무도 미래에 대해 확실하지 않다.

126. 그의 트렁크는 쓰레기(junk)로 가득 찼다.

127. 그 정도면 충분하고도 남아.

128. 그들은 여행갈 짐을 싸느라 바빴다.

129. 살찌는 것(gain weight)은 쉽지만 빼기(lose weight)는 훨씬 어렵다.

130. 혼자 여행하는 것이 더 낫다.

131. 비타민 E는 피부에 좋다.

132. 그 계획에는 두 가지 문제가 있다.

133. 그는 오늘 말이 없다. 뭔가 이상하다.

134. 그들은 사업을 시작하느라 바빴다.

135. 어떤 사람들은 눈이 올 때 운전하는 걸 두려워한다.

136. 슬퍼할 이유가 없다.

137. 올해는 눈이 많이 왔다. 눈이 지겹다.

138. 불이 났다. 집 안이 연기(smoke)로 가득했다.

139. 그들은 아까 여기에 있었다.

140. 모든 도시에서 범죄(crime)는 큰 문제이다.

141. 끝나야 끝난 것이다.

142. 중국 사람들은 크게 말하는 것에 익숙하다.

143. 당신에게 배우러 왔습니다.

144. TV 보면서 얼마나 늦게까지 깨어 있었니?

145. 운전하면서 조심해.

146. 나는 타이핑을 잘 못한다.

147. 너 왜 숨이 차니?

148. 요즘 사람들은 수동기어(stick shift)에 익숙하지 않다.

149. 나는 잠이 바로 들 만큼 피곤했다.

150. 제주도는 3가지로 유명하다. 바람, 돌, 여자.

151. 어떤 아이들은 산타를 무서워한다.

152. 그것은 어려운 결정(decision)이었다.

153. A와 B 사이에 다른 점(difference)이 없다.

154. 심장 박동(heart beat)과 맥박(pulse)은 뭐가 다른가요?

155. 우리는 아직 주문할 준비가 안 됐어요.

156. 병원으로 가는 길에 그는 슬펐다.

157. 그의 냉장고는 남은 음식으로 가득하다.

158. 우리 엄마는 의사와의 약속에 늦었다.

159. 기다려 주셔서 감사합니다.

160. 다음 단계(level)로 갈 준비 되었나요?

161. 캐나다는 로키산맥(Rocky Mountains)으로 유명하다.

162. 너와 나 사이는 끝났다.

163. 그 심판은 그의 실수를 수치스럽게 생각했다.

164. 나는 늙지도 않았지만, 더 이상 젊지도 않다.

165. 그들의 스케줄은 주중에(during the week) 더 꽉 차 있다.

166. 우리 부모님은 도시 생활(live in the city)에 지쳤다.

167. 오메가 3는 치매(alzheimer)에 좋다.

168. 그가 나보다 운이 좋았다.

169. 그녀는 얘기할 기분이 아니었다.

170. 미국은 우리 편이니?

171. 재미있는 거 할 거 있니?

172. 그는 수업 중에 잠이 들었다.

173. 그는 아직도 혼자 밥 먹는 게 익숙하지 않다.

174. 너 정신 나갔니?

175. 그 영화는 한 소년의 꿈에 관한 것이다.

176. 메뉴에 뭐 새로운 게 있니?

177. 왜 시내에 주차하는 것이 더 비싼가요?

178. 집에서 야구경기를 보는 것이 야구장에 가는 것보다 낫다.

179. 주차할 자리를 찾기가 힘들었다.

180. 아무도 그의 결정이 맘에 들지 않았다.

181. 인생은 짧다. 낭비(waste)할 시간이 없다.

182. 나는 장 보러 가는 길이었다.

183. 산책할 기분이 아니다. (go for a walk)

184. 내 편이어서 고마워요.

185. 한국 사람들은 거절하는(say no) 걸 잘 못한다.

186. 그 큰 침대를 놓을 자리(room)가 없다. 이 방은 그만큼 크지 않다.

187. 여름에 부츠 신는 게 뭐 잘못된 거 있니?

188. 고속도로에는 항상 차 사고가 있다.

189. 주말에 가격이 더 비싸다.

190. 때로는 혼자 있는 게 그렇게 나쁘지 않다.

Answers

1. My mind is heavy.
2. She was pale. (Her face was pale.)
3. It is warm in the sun but (it is) cold in the shade.
4. The room was empty.
5. Speeding is dangerous.
6. Red is my favorite color.
7. How far is it from here?
8. You are not always right.
9. Is your boyfriend nice to you?
10. Their service is quite fast.
11. These pants are too loose.
12. This scarf is so soft.
13. Are these flowers fake?
14. This recipe is not simple.
15. (I am) just curious.
16. Was your teacher strict?
17. My dad's hands were always warm when I was young.
18. My younger brother is stubborn.
19. Why were they famous?
20. The school is far from the subway station.
21. The restaurant was full of people.
22. Why is he mad at you?
23. Are they ready to start?

24. He was not nervous.

25. How was the food at the Korean restaurant?

26. Is your son good at math?

27. When he was young, his parents were busy.

28. Why were they late for school today?

29. His room is always messy.

30. Were you close to your siblings when you were young?

31. I wasn't happy with his choice.

32. I was sick yesterday but I am better today.

33. Things are different than last year.

34. Is money important in life?

35. Don't be rude to the teacher.

36. My family is important to me.

37. We were short of players.

38. We are not ready to be parents.

39. Is it dark outside?

40. I am not lonely anymore.

41. She is not close to her dad.

42. Is your grandpa healthy?

43. Don't be too serious.

44. She is so jealous.

45. I wasn't mad. I was just sad.

46. The school is short of teachers.

47. Are you still afraid of the teacher?

48. Everything is expensive in that store.

49. He is not proud of his grades.

50. Why was he mean to you?

51. My daughter is afraid of strangers.

52. My boss was happy with my present.

53. Mother Teresa's life was full of love.

54. Her wedding ring is similar to mine.

55. I was out of cash.

56. He is not confident about his English.

57. Asians are different from Europeans.

58. Why is English important to you?

59. Nobody is perfect.

60. She is close to everyone.

61. Japan is famous for sushi.

62. What is Tiger Woods famous for?

63. Why is he in a bad mood?

64. My daughter is crazy about animation movies.

65. My passport is good for 5 years

66. My husband is responsible for doing the dishes.

67. Jeonju is famous for Bibimbob.

68. Women are different from men.

69. The teacher is responsible for 25 students.

70. You are responsible for your life.

71. Communication is very important in marriage.

72. Life is not that simple.

73. I am happy with the English class.

74. He is always ready for beer.

75. She was afraid of being alone.

76. We were tired of eating out.

77. Everything is different. Nothing is the same.

78. I was not afraid of anything.

79. My mom was busy cleaning the house.

80. Everything is more expensive than last year.

81. The movie was far from my expectations.

82. American people are afraid of change.

83. Some people are allergic to chocolate.

84. Don't be arrogant.

85. Muffins are full of sugar and butter.

86. Nothing is impossible.

87. She was tired of his excuses and ready to leave him.

88. Don't be afraid of making mistakes.

89. Are you good at keeping a secret?

90. You are not alone.

91. He was late for work yesterday.

92. Plastic bags are not good for the environment.

93. He was afraid of losing her.

94. What was he good at when he was in high school?

95. Are you happy with your job?

96. That is far from the truth.

97. Were you lonely when you were alone?

98. Am I right? You were right.

99. This is the newest version.

100. What is her occupation? (일반 동사로는, What does she do for a living?)

101. He is far from being handsome.

102. We are almost there.

103. My mom is afraid of taking a taxi by herself.

104. There was nothing to eat at home.

105. Is there anything cheaper than this?

106. What is good for a cold?

107. Thank you for being honest.

108. I am always on your side.

109. Is there anything wrong with this dishwasher?

110. He was good at French when he was in high school

111. There are 25 people in my class and some are better at English than me.

112. What is Omega-3 good for?

113. How high is the CN tower?

114. There was no need to pack lunch today.

115. His wife is much younger than him.

116. She is not used to wearing a skirt.

117. They were busy preparing for the party.

118. There are a lot of dirty movies on his computer.

119. How many people were (there) at the wedding? Close to 200.

120. How many people are on the waiting list?

121. There was a huge traffic jam on the way to work.

122. (There) is nothing to lose.

123. How many mountains are there in Seoul?

124. What is he afraid of?

125. Nobody is sure/certain about the future.

126. His trunk is full of junk.

127. That is more than enough.

128. They were busy packing for the trip.

129. Gaining weight is easy but losing weight is a lot more difficult.

130. Traveling alone is better (than traveling with someone).

131. Vitamin E is good for skin.

132. There are two problems in that plan.

133. He is quiet today. Something is wrong. (There is something wrong with him.)

134. They were busy starting a new business.

135. Some people are afraid of driving in the snow.

136. There is no reason to be sad.

137. There was a lot of snow this year. I am tired of it.

138. There was a fire. The house was full of smoke.

139. They were here earlier.

140. Crime is a big problem in every city.

141. It's over when it's over.

142. Chinese people are used to talking loud.

143. I am here to learn from you.

144. How late were you up watching TV?

145. Be careful driving.

146. I am not good at typing. (I am poor at typing.)

147. Why are you out of breath?

148. People these days are not used to stick shift.

149. I was tired enough to fall asleep right away.

150. Jeju island is famous for three things. - wind, rocks, and women.

151. Some kids are afraid of Santa Claus.

152. It was a tough decision.

153. There is no difference between A and B.

154. What is the difference between heart beat and pulse?

155. We are not ready to order yet.

156. He was sad on the way to the hospital.

157. His fridge is full of left-overs.

158. My mom was late for the appointment with the doctor.

159. Thank you for waiting.

160. Are you ready to go to the next level?

161. Canada is famous for the Rocky Mountains.

162. It is over between you and me.

163. The umpire was ashamed of his mistake.

164. I am not old but not young anymore.

165. Their schedule is tighter during the week. (than on the weekend.)

166. My parents are tired of living in the city.

167. Omega-3 is good for alzheimer.

168. He was luckier than me.

169. She was not in the mood to talk.

170. Is the U.S on our side?

171. Is there anything fun to do?

172. He fell asleep in the middle of the class.

173. He is still not used to eating alone.

174. Are you out of your mind?

175. The movie is about a boy's dream.

176. Is there something new on the menu?

177. Why is parking more expensive in the city?

178. Watching a baseball game at home is better than going to the stadium.

179. Finding a parking spot was hard.
180. Nobody was happy with his decision.
181. Life is short. There is no time to waste.
182. I was on the way to the grocery store.
183. I am not in the mood to go for a walk.
184. Thank you for being on my side.
185. Korean people are not good at saying no.
186. There is no room for that big bed. The room is not that big.
187. Is there anything wrong with wearing boots in the summer?
188. There are always car accidents on highways.
189. Prices are higher on the weekend. (than during the week.)
190. Sometimes, being alone is not that(too) bad.

Be만 영어